# RとStanではじめる心理学のための

時系列

# 分析入門

小森 政嗣 著

JN042286

講談社

・本書の執筆にあたって，以下の計算機環境を利用しています．

iMac Pro (8コア Intel Xeon) 64 GB
macOS Big Sur (11.6)
R ver.4.1.2 (2021-11-01)
RStudio Desktop 2022.02.2+485

・本書の執筆にあたって使用したパッケージのバージョンは以下のとおりです．

| | | |
|---|---|---|
| CADFtest 0.3-3 | circular 0.4-95 | coronavirus 0.3.31 |
| crqa 2.0.3 | dplyr 1.0.9 | dtw 1.22-3 |
| fda 6.0.3 | fields 13.3 | forecast 8.16 |
| ggplot2 3.3.6 | gtrendsR 1.5.0 | lmtest 0.9-40 |
| MARSS 3.11.4 | nlme 3.1-157 | NMF 0.24.0 |
| nonlinearTseries 0.2.12 | PtProcess 3.3-16 | rsample 0.1.1 |
| rstan 2.21.5 | seewave 2.2.0 | spatstat 2.3-4 |
| tidyr 1.2.0 | TSclust 1.3.1 | tsDyn 11.0.2 |
| tseries 0.10-51 | tsibble 1.1.1 | tsModel 0.6-1 |
| tuneR 1.4.0 | vars 1.5-6 | WaveletComp 1.1 |
| zoo 1.8-10 | | |

# はじめに

　本書は,「心理学の研究テーマで時系列データの分析をしてみたい」と考えている方に向けた入門書です. 人間の行動や認知を時系列的に捉えたデータを収集・分析してみたいものの, どんな分析方法があるのか見当がつかなかったり, 時系列データ分析にはどのような注意点があるのかがわからなかったりする方々への, 最初のガイドになるよう心がけました.

　心理学の研究をしていれば, ある瞬間だけを切り出したデータではなく, 日常生活の中で刻一刻と変化し続ける人間の行動や認知を捉えてみたい, と考えることがあると思います. 私自身も, 人の一生分の行動データをすべて集めることができたらどんなに楽しいだろう, と夢想することがあります. 現在では, スマートフォンなどのデバイスを使えば, 人間のその時々の状況や思考, 感情, 行動などをリアルタイムで記録することも難しくはなくなってきました. 時系列データを収集するハードルは, かつてないほど下がっているといえるでしょう.

　一方で, 時系列データを分析するための方法論は, 自己回帰型の回帰分析, 状態空間モデル, 多変量解析, 信号処理などの幅広い分野にまたがっており, どこから手を付けていいのかわかりにくいものです. がんばってコツコツとデータを集めてみたものの, 時系列のリッチな情報をうまく活用できず, そのままお蔵入りになってしまうこともしばしばです. 本書の目標は, せっかく測定した貴重な時系列データをお蔵入りにしてしまわないことです. そのために, 本書では移動軌跡や体の動き, SNSの書き込みのように, できるだけ人間の具体的な行動のデータを取り上げました. 本書はあくまでもチュートリアル的な入門書ですので, 本格的に時系列分析や信号処理を学びたくなった方は, より専門的な資料や書籍も読むようにしてください.

　本書では, R言語という統計解析向けのフリーのプログラミング言語を使っています. R言語には, 目的に応じた分析や可視化を行う関数(プログラム)をまとめたパッケージがたくさん用意されています. その中には, 時系列データを扱うのに便利なパッケージも数多くあります. 本書では, プログラミングそのものには重点を置かず, これらの便利なパッケージを

積極的に使ってデータを分析・可視化することを目指しています．もちろん，本書を読むには R 言語を使った経験があるほうが望ましいですが，そうでなくても，実際にコンピュータでプログラムを動かして手元のデータを解析できるように，プログラムのソースコードを下記のサポートページからダウンロードできるようにしています．

⇒ https://github.com/komorimasashi/time_series_book/

Chapter
# 1 心理学と時系列データ分析

# 1 心理学と時系列データ分析

## 1.1 はじめに

**時系列データ**（time-series data）の収集と分析は，天文や気象の分野では非常に古くから行われてきました．古代メソポタミアでは，天文学が発展して天体観測が盛んに行われました．その目的は，星の運行から未来を占うことでした．「日々の観測から背後にあるメカニズムを推測し，そこから未来を予測する」という考え方は，今日の時系列分析にも通じるものがあるかもしれません．

また，昔から天気予報も人々の重要な関心事でした．雨量の計測は紀元前のインドでも実際に行われ，活用されていたといわれています．17世紀になると，気圧計から得られたデータが悪天候の予測に使えることが見出され，ここから近代的な天気予報が始まりました．住宅着工数や求人数のように，将来の景気や企業業績を予測するための先行指標が**バロメーター**（barometer；「気圧計」の意味）と呼ばれるのは，このことに由来します．

今日では，時系列分析は社会のさまざまな領域で活用されています．2020年ごろには，新型コロナウイルス感染者数の広がりから推定された死亡者数の予想が，社会に大きなインパクトを与えました．株価や景気などのマクロ経済的な指標の分析や将来の予測，天気予報から疫学，ロケットの制御のような工学的な利用に至るまで，その適用範囲は非常に幅広いです．特に，計量経済学や自然科学の分野では，時系列分析は盛んに利用されてきました．

一方で，心理学の分野では，時系列分析はそれほど多く利用されているわけではないですが，人間の心や行動に関わる問題で，本質的に時間と無関係なものはありません．時系列分析は心理学にとっても有用なツールになるでしょう．

時系列分析を行う目的は，大きく以下の４つに分類できます．

- **記述**
  時系列的な変化を図示し，記述統計量から時系列の特徴を簡潔に表現すること
- **説明**
  時系列データから，変化を生み出したメカニズムをモデル化し，その特徴を明らかにすること
- **予測**
  現在までに得られた時系列データから，将来の変動を予測すること
- **制御**
  操作可能な変数を変化させ，制御変数が望ましい状態になるようにすること

　計量経済学などの時系列分析の文献や解説書は，**予測**（prediction）を目的とした手法に紙面が多く割かれています．その背景には，時系列分析が発展してきた歴史があります．時系列分析が大きく発展した19世紀の後半から20世紀の前半にかけて，世界では何度も金融不安が起きました．そこで当時の経営者や研究者は，天候と同じように経済を予測し，未然に経済の破綻を防げないかと考えました．そこから，それまでもっぱら気象や天文などの自然科学の分野で使われていた周期変動やトレンドといった考え方が，経済における景気循環や景気動向（景気の拡大や後退）といったアイデアに取り入れられるようになりました．その中で，現代でも用いられる移動平均モデル（MAモデル）や自己回帰モデル（ARモデル）が提案され，徐々に経済の分析や予測に用いられるようになっていったのです．

　そうして，1960年代末には，今日最もよく知られた時系列分析のフレームワークであるボックス‐ジェンキンス法（自己回帰和分移動平均モデル．ARIMAモデルとも呼ばれる）が生まれました[1-1]．ボックス‐ジェンキンス法は，データを分析しやすいように変換し，そのうえでモデルの良し悪しの吟味を繰り返してモデルを選択し，さらにパラメータを推定したうえで予測を行うという一連の手続きです．ボックス‐ジェンキンス法は，背後にあるメカニズムの解明はとりあえず横に置いておいて，観測値間の関係を用いてよい予測をするモデルを作り出すという手法です．ある意味ブラックボックス的な手法ですが，その手続きの簡便さもあり，今日でも広く用いられています．

盛んに時系列分析が用いられてきた気象学，天文学，計量経済学などの分野には，「介入や操作がとてもしにくい」という共通の特徴があります．天気を観測できたとしても，天気を変えることは容易ではないし，バブルの到来を予測できたとしても，それを抑えることは難しいのです．「介入がやりにくい」ということは，同時に「実験操作がやりにくい」ということでもあるので，このような分野では心理学と異なり，実験計画法的な統計手法が用いられることは少ないのです．多くの時系列分析手法はこのように「介入が難しい」という制約がある中で，より精度の高い予測をして，将来の悪天候や金融不安などの危機に備えるために発展してきたともいえます．

　一方で，特に心理学の研究者が関心を持っているのは**説明**（explanation）ではないでしょうか．実験や操作・介入によって何かしらの因果効果を明らかにすること，つまり実験操作に効果があるのか，その効果がどれほど大きいのかを明らかにすることは心理学の主要なアプローチの一つです．

　また，時系列的な観点から現象を**記述**（discription）することは，背後にあるメカニズムを解き明かすうえで豊かな手がかりを与えてくれるものです．ガリレオ・ガリレイは，ルネサンス期に太陽の黒点が西から東へ移動する様子を日々スケッチし，その移動速度の変化から，太陽が自転する球体であり，黒点はその表面にあることを発見したといわれています．また，天文学者のヨハネス・ケプラーは，師匠であるティコ・ブラーエの詳細な天体観測データをもとに有名なケプラーの3つの法則を導き出しました．長いスパンを経て人間の行動が変化する様子や，複雑な相互影響の過程を記述することは，より深い人間の理解につながることと思います．

　本書では，時系列分析の目的の中でも記述と説明に重点を置いて，さまざまな時系列分析の手法や注意点を説明していきます．

## 1.2　時系列データとはなにか

### 1.2.1　時系列データの条件

時系列データとは，対象の特定の属性（ある特定の個人の体温など）を一

定の時間間隔で観測し，その観測値を並べたものを指します．また，単に
「時系列」と呼ぶこともあります．一説には，「時系列データ」と呼ばれるに
は少なくとも 20 点の観測値が必要といわれることもありますが，いずれに
しても調べたい対象の特徴を十分に捉えることができる観測点の数が必要
です．観測の時間間隔は，1 ミリ秒のこともあれば，四半期や 10 年である
こともあります．この時間間隔は調べたい対象によって適切に選択される
必要があります．たとえば，CD に記録されている音の波形であれば，1 つ
の時間間隔は 1/44,100 秒しかありません．これは，人間に聴こえる音の高
さの上限（20,000Hz）まで記録しようとすると，その周波数の 2 倍以上の
サンプリングレートで記録する必要があるからです．

いずれにせよ，時系列データは**等間隔**で観測されていることが重要で
す．特定の観測時点は，$t$ という文字で表現することが一般的です．観測
値 $y$ の，ある時点 $t$ での観測値は $y_t$，その 1 つ前の時点は $y_{t-1}$，1 つあとの
時点は $y_{t+1}$ と書かれます（図 1.1）．

観測された時系列 $y_i$

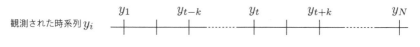

図 1.1　等間隔に観測される時系列データ

統計解析言語の **R** には，標準データセットといわれるサンプルデータが
多数準備されており，有名な時系列データも含まれているので見てみま
しょう．図 1.2(a) は，1871 年から 1970 年までエジプトのアスワンで計測
されたナイル川の年間流量の記録です（Nile データ）．アスワンダムが完成
した影響で，1902 年から流量が減少していることがわかります．心理臨床
的な介入でも同じようなことが起きるかもしれません．図 1.2(b) は，時系
列分析の大家であるボックスとジェンキンスが時系列データの特徴を表す
例として示した，150 ヵ月分の販売時系列データで，毎月の売上高がなだら
かに変化していることが見てとれます[1-1]．

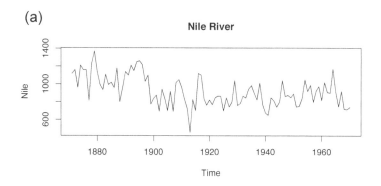

(a)

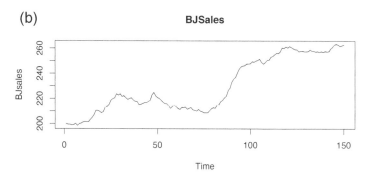

(b)

図1.2　Rの標準データセットに含まれる時系列データの例
(a) ナイル川の流量 (Nile)，(b) 販売データ (BJsales)

　このように，時系列データを視覚化するときには，横軸を時刻，縦軸を
観測値とした折れ線グラフで表現することが一般的です．本来は，各観測
時点の間のデータがどうなっているかは（測定されたデータがないため）
不明ですが，時系列データ分析では「時間軸上で状態が連続的に変化して
いる」ことを暗黙に前提としているため，観測点の間は連続していると想
定して補間しているのです．特に，補間やノイズの除去などをしていない
時系列ローデータのことを**原系列** (original series) とも呼びます．

## 📈 1.2.2 点過程データと時系列データの違い

　一方で，スキナー箱でのレバー押しのタイミングや，ある店舗での客の

来店時刻，ツイートの投稿時刻のように，イベントが生じた時刻を記録したデータは**点過程**（point process）データと呼ばれます．点過程データは，時間の情報は含まれていますが，等時間間隔で観測された時系列データとは厳密には区別され，図示だけでなく処理の仕方も大きく異なります．

　点過程データを視覚化するときは，図1.3のようにストリップチャートやバーコードプロットなどの1次元の散布図が使われます．また，図1.4はニードルプロットと呼ばれる図であり，地震データのように生起時刻だけでなくその強度などの観測値も含まれる**マーク付き点過程**（marked point process）データを示す際に使われます．

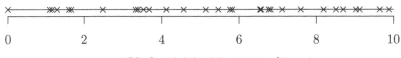

図1.3　点過程データを表す1次元のストリップチャート

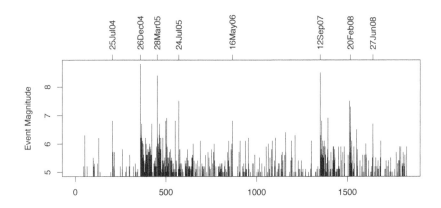

図1.4　{PtProcess}ライブラリに含まれるプーケット島の地震生起時刻のデータ（点過程データ）
のニードルプロット

## 1.3 心理学における
## 時系列データ利用の広がり

### 1.3.1 新しい技術の登場

　生理計測を行う領域を除けば，これまで心理学者があまり時系列を扱ってこなかったのは事実です．心理学では，縦断研究（同じ対象者に対して追跡調査を行ったり，過去を遡<sup>さかのぼ</sup>って調査したりする研究手法．得られたデータは縦断データと呼ばれます）であっても，観測時点が数箇所しかない研究が多いです．それは，調査対象者の思考や感情，判断，行動を継続的に測定することが，かつては高負担・高コストだったからという理由があります．

　しかし，近年はスマートフォンやウェアラブル端末の登場，センシング技術とクラウド技術の発展により，生態学的妥当性が高い時系列データが容易に入手できるようになりつつあります．また，人間の心理や行動，生理に関して詳細な縦断データを収集できるようになっただけではなく，人間の心理に関係しうる周辺環境（温度や湿度，気圧，照度など）のデータも同時に収集することができるようにもなりました．

　このような新しい技術を用いて，長期間にわたり連続的，反復的に計測されたデータは，少数の繰り返し測定しか行わない一般的な縦断データと区別して，**強縦断データ**（intensive longitudinal data; **ILD**）と呼ばれます[1-2]．強縦断データには，後で述べる経験サンプリング法で収集されたデータや，ウェアラブル端末で収集されるライフログデータなどが含まれます．反復的な測定の回数が多いことは，個人内の詳細な時間的変化や，それらの時間的な影響関係だけでなく，外的要因（ストレスや環境など）による影響を検討しやすくなるなどの利点があり，調査対象者について，より多くの情報を得ることにつながります．

### 1.3.2 経験サンプリング法

　**経験サンプリング法**（experience sampling method; **ESM**）とは，強縦断データを得るための代表的な手法の一つで，日常生活を送っている調査対

象者に対して，何日間かにわたって，一日数回，定刻もしくは無作為な時刻に調査を実施する方法です[1-3]．たとえば，研究者が設定したタイミング（例：3分で終了するミニアンケートを，毎日ランダムな時刻に5回 × 7日間 = 合計35回実施）で，限定された時間内（例：過去1時間以内）のある体験（例：買い物）の状況（例：誰と一緒にいたか），思考・感情（例：値段が高いと感じたか，楽しかったか），行動（例：何を購入したか）などを小刻みに，反復的に記録します．古くからある調査手法ですが，近年ではスマートフォンの普及によって格段に手軽に行えるようになったため，経験サンプリング法を採用する研究が急速に増えています．経験サンプリング法は，調査参加者のありのままの生活を捉えることができる生態学的妥当性の高い方法です．また，その時々の思考や感情，行動について即座に記録することができるので，想起バイアス（思い出す際に生じる反応の偏り）を抑えられるという利点もあります．

ハーバード大学の心理学者キリングワースとギルバートは，その時々の人々の思考や感情，活動内容などを回答させるiPhoneアプリケーションを開発しました[1-4]．彼らはこのアプリケーションを使って，ウォーキング，食事，買い物など22種類の一般的な活動から，今何をしているのか，さらにはマインドワンダリング（「心ここにあらず」の状態）の程度や幸福感について尋ねています．彼らは最終的に世界中の2,250人の調査参加者の回答を分析し，46.9%でマインドワンダリングが生じていることを示しました．また，マインドワンダリングと幸福感の時間的な前後関係から，マインドワンダリングは不幸に先行することを示しました．このように，個々人の心理的な時間的ダイナミズムのより詳細な検討が可能であることが，経験サンプリング法の魅力です．

## 〽 1.3.3 センシング技術

多くの心理学的研究では，直接観測できない心理的な構成概念（たとえば性格など）を調べるために，構成概念をなんらかの行動の指標に置き換えて測定するということを行っています．つまり，人間の行動を測ることは心理学において何よりも重要なのです．しかし，人間の行動をすべて観察することは簡単ではありません．そこで心理学者たちは，工夫をこらし

た質問紙法調査や心理テスト法，尺度などを開発し，これらを用いて間接的に人間の行動のパターンを測定するという方法論をとってきました．つまり心理学は，構成概念をなんらかの行動指標に置き換えたうえで，行動を間接的に測定する巧みな方法を発展させてきたわけです．しかし，このような現実的な制限があるとはいえ，長期にわたって行動を直接的に観察する必要性がなくなるわけではありません．

行動を調べるのであれば，質問に回答をさせるよりも直接測ったほうがよいという考えもあります．かつて，動画や音楽を配信している会社は，ユーザーの嗜好を調べるために曲や映像作品を「星」の数でユーザーに評価させていましたが，今ではそんなことは行いません．ユーザーが曲を聴いた回数や，映画の視聴を打ち切るまでの時間のデータのほうが，星の数よりも視聴者の嗜好を正確に反映していることを知っているからです．また，睡眠時間を自己報告させるよりも，腕時計型でウェアラブルな睡眠計測装置のほうがより正確に日々の睡眠を記録できるのです．

センサー技術，クラウド技術の発展によって，人間の行動をより直接的に測定することはそれほど難しくなくなってきており，それは心理学的な研究にも応用されています．これも，質問紙調査による想起バイアスを減らし，研究の生態学的妥当性を高めることにつながります．たとえば，マサチューセッツ工科大学のメディアラボでは，声のトーンや社員同士の交流などを測定するソシオメトリックバッジというウェアラブルセンサーを開発し，データを蓄積することで，組織の生産性の向上をはかる方法を提案してきました[1-5]．

このように，日常生活における心理的プロセスのダイナミクスを，生態学的妥当性の高い方法で効率よく研究したいという研究者にとって，IT技術の発展は大きな可能性をもたらしてくれます．特に，スマートフォンやスマートウォッチの登場によって，人の行動のデータ収集に関する方法論的な限界を乗り越えることができるようになったといえるでしょう．

### 〜 1.3.4 オンライン行動

また，Webから手に入る情報の利用可能性も高まっています．ゴールダーは，Twitterにおける84ヵ国2,400万人の5億ツイートに含まれる感情語数

の時間変化を詳細に検討し，朝がポジティブな気分のピークであることを示しています[1-6]．また，東日本大震災発生から1週間のツイートを分析した研究から，原発災害と自然災害に対する不安が異なった時間パターンを示すこともわかりました[1-7]．

　Twitterのほかにも，Google検索のデータも行動のデータ収集に使えます．Google Trendで語句の検索回数の変化を見ると（図1.5），「コロナウイルス」や「感染」の検索回数が2020年2月27日に最初のピークを迎えます（2つ目のピークは緊急事態宣言発令の前後）．また，このころにはマスクの品薄も顕在化しつつありました．まさに新型コロナウイルス感染への不安が極限に達しようとしたその時（2月27日）に，「トイレットペーパーが枯渇するかもしれない」という情報がインターネットで拡散したことがわかります．

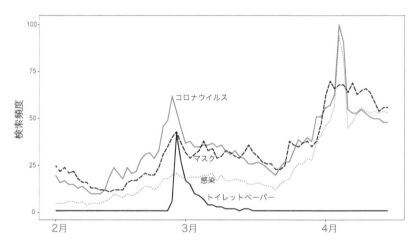

図1.5　Google検索回数の変化（2020年2月上旬から4月中旬）．
「トイレットペーパー」の検索数が2月27日に急激に上昇したことがわかります．

　人間を取り巻く時間的な流れは本来連続的なものですが，これまでの心理学が扱ってきたデータの多くはある瞬間を恣意的に切り取ったものであり，そのようなデータをもとに心理学の理論が構築されてきました．一方，経験サンプリング法やライフログなどの手法は，人間を捉えるうえでの時間的な視野を大きく広げる可能性を持っています．数年，あるいは一生を記録することができるようになったとき，人間の捉え方や理論のあり方も

変わってくるかもしれません．ここに，心理学における時系列分析の大きな可能性があると考えられます．

## 1.4 時系列データの捉え方

### 1.4.1 時系列データの分解

　人間の行動や心理と関連した時系列データには，実にさまざまなものがあります．経験サンプリングの回答，ダンスモーションの標識点座標，皮膚電気活動など実に多様です．このような複雑な時系列データを理解するときには，時系列データを以下のようないくつかの要素（成分）を加算したものとして捉えることが一般的です．これらの成分が足し合わされて観測値ができていると考えます（図1.6）．これらを合わせた回帰変動と実際の観測値との差は**誤差**（error）といわれます．この誤差は偶然によって生じた変化だと考えます．

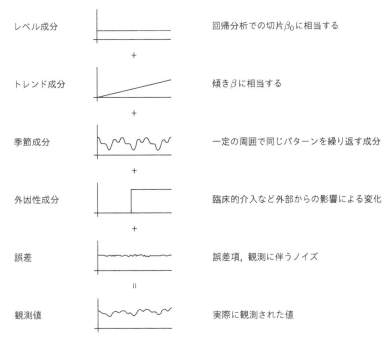

|  | |  |
|---|---|---|
| レベル成分 | | 回帰分析での切片 $\beta_0$ に相当する |
| トレンド成分 | | 傾き $\beta$ に相当する |
| 季節成分 | | 一定の周囲で同じパターンを繰り返す成分 |
| 外因性成分 | | 臨床的介入など外部からの影響による変化 |
| 誤差 | | 誤差項，観測に伴うノイズ |
| 観測値 | | 実際に観測された値 |

図1.6　時系列データの分解

## ∿ 1.4.2 レベル成分とトレンド成分

**レベル**（level）とは，体温でいうところの平熱に相当します．つまり，全体を通した平均値のことです．一方，**トレンド**（trend）とはレベルの大域的な変化，つまり長期的な増加，もしくは減少の方向性を意味します．時系列データからレベルやトレンドを取り出したものは，**レベル成分**（level component）や**トレンド成分**（trend component）と呼ばれます（図1.7）．トレンド除去という方法でトレンド自体を時系列データから削除してしまうこともありますが，トレンドは時系列分析において非常に重要な要素なので，行動を対象としたデータ分析の場合は，明示的に分析モデルに入れたほうがいいでしょう．

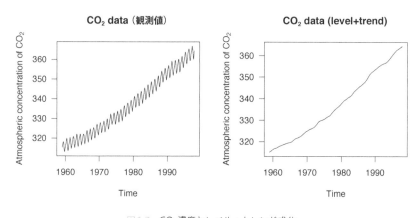

図1.7　$CO_2$濃度とレベル・トレンド成分

## ∿ 1.4.3 季節成分

**季節成分**（seasonal component），あるいは**季節性**（seasonality）とは，気温が春夏秋冬で変化するように，全体を通して一貫して決まった周期で現れる増加と減少の繰り返しパターンで，その1周期の平均値は通常0になります．季節成分という名称で呼ばれますが，周期は1年（年次）でも7日間周期（週次）でも24時間（日次）でも構いません．縦断データを扱う際は，季節成分を考慮する必要があります（図1.8）．

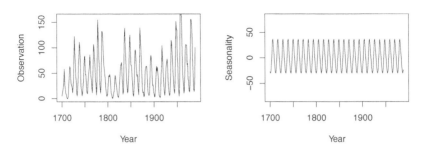

図1.8　太陽の黒点の個数（左）とその季節成分（右）. 11年周期の増減があることがわかります.

　多くの時系列分析では，季節成分自体は興味の対象ではないため，なんらかの方法で季節成分を特定したあと，観測値の**平滑化**（smoothing; **スムージング**）をしたり，季節変動を分析モデルに組み込んだりすることによって，季節成分を除去します．この手続きは**季節調整**（seasonal adjustment）と呼ばれます．季節調整を行うことで，データはより簡単に解釈できるようになります．季節成分自体に興味がある場合は，後述する周波数解析などの分析手法が適用されます．

## 📈 1.4.4　外因性成分

　図1.2で示したナイル川の流量データでは，アスワンダムの完成を境として水量が持続的に下落していました．ダムがない期間とある期間の流量の平均を見てみると，ダムが流量に及ぼす効果がどの程度かわかります（図1.9の赤線）．同様に，臨床心理学的な介入の有無を変数として分析モデルで考慮することで，介入の効果を検討することができます．このような外部からの影響を表す変数を**外因性成分**（exogenous component）といい，計量経済学の分野では**外生変数**（exogenous varlable）と呼ぶこともあります．外因性をどのようにモデル化するかは研究者が十分に考えなければならない点です．

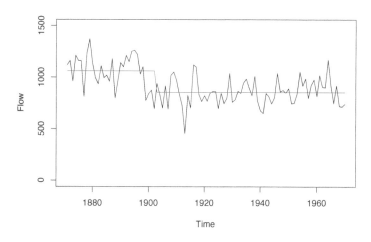

図1.9　アスワンダム完成（1902年）によるナイル川の流量変化（赤線）

## 〽 1.4.5 どの成分に興味を持つのか

　少し話は変わりますが，レベル成分やトレンド成分，および外因性成分は，全体を通した平均値や平均値の時間的な変化ですので，電気回路でいえば**直流（DC）**成分に相当します．一方，一定の間隔で繰り返される波動要因である季節成分は，電気回路でいえば**交流（AC）**成分にあたります．つまり，多くの時系列データは，この直流成分と交流成分を足し合わせた**脈流**（pulsating current）といわれるものとみなすことができます．電気工学の分野では，直流成分に興味がある場合は交流成分がノイズとみなされて除去されますし，交流回路でも直流成分を除去するように工夫します．同様に，レベルやトレンドの直流成分やその変化に興味があるのか，それとも交流成分である季節成分に興味があるのかによって，時系列分析の方法論は大きく異なってきます．

　たとえば，電圧の強さ（V）を測るとき，直流であれば平均値を使います．しかし，家庭用の100 V電源を考えればわかると思いますが，交流波形の電圧の平均値は理想的には0 Vです．ではなにが「100 V」なのかというと，これは，実効値（RMS）と呼ばれる値で，「100 Vの直流電圧と同じ電力を生じる（仕事をする）電圧」ということを意味しています．正弦波形の場合，電圧の最大値は実効値電圧の$\sqrt{2}$倍になるので，実際に家庭用のコンセン

トに来ている電圧の最大値は141.4 V，最小値は − 141.4 Vです．実効値は
交流波形の標準偏差と等しくなりますので，コンセントに書かれている
100 Vという値は交流電圧の標準偏差なのです．

　音声波形（図1.10）や心拍や脈波などの生理計測データも交流波形とし
て扱われます．音声波形も平均値は0です．そこで，音声でも交流波形と
同じように標準偏差を求め，それの対数をとったデシベル（dB）という単
位が音の強さの指標として使われます．

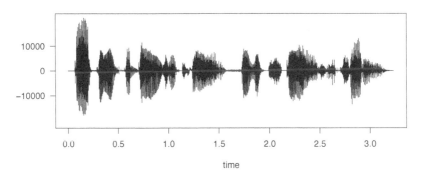

図1.10　音声波形

　レベルやトレンドの成分と，周期的に変化する季節成分は明確に区別さ
れなければなりません．たとえば，皮膚電気活動計測でよく用いられる**皮
膚コンダクタンス**（skin conductance activity; **SCA**）という生理指標があり
ますが，そのうち，直流成分（つまりレベルやトレンド）は皮膚コンダクタ
ンス水準（SCL）と呼ばれ，交流成分（季節成分）は皮膚コンダクタンス反射
（SCR）と呼ばれます．これらはそれぞれ異なった指標として用いられます．
したがって，どちらに興味があるのかを明確にしておく必要があるのです．

　両者の違いをまとめると表1.1のようになります．繰り返しになります
が，直流成分であるレベルやトレンドに関心がある場合は，交流成分であ
る季節成分はなんらかの方法で除去されなければなりません．また，季節
成分自体に関心がある場合には，平均値やトレンドを見ることに意味はあ
りません．

表 1.1　時系列の成分と分析方法

| 成分 | 要素 | 方法論的背景 | 代表的な手法 | 観点 | 注意点 |
|------|------|------|------|------|------|
| 直流成分 | レベル・トレンド・外因性 | 回帰分析に基礎を持つ | ARIMA モデル,成長曲線モデル | 分散共分散・相関関係 | 系列相関*,単位根* |
| 交流成分 | 周期成分(季節成分) | 信号処理に基礎を持つ | フーリエ変換,ウェーブレット変換 | 周波数・位相と振幅 | サンプリングレート |

＊第 3 章で詳細を解説.

# 1.5 本書の構成

　本書は,心理学における時系列データの分析手法のガイド的な入門書であるため,さまざまな分析手法を網羅できるように解説しています.分析の目的と分析方法のおおまかな対応関係がわかるようなチャートを図1.11に示します.

　各章のテーマは次のように分かれています.まず第2章では,時系列データをRで扱う際の基礎について解説します.日付や時刻をRで扱う方法や,時系列データの基本的な集計,ARIMAモデルなどの基本的な分析,および可視化の方法について説明します.

　第3章では,回帰分析に基礎を置く時系列分析の手法を取り上げ,時間に伴って変化する様子を評価する際の手続きについて説明します.潜在成長曲線モデルや中断時系列デザインなどの事例も解説します.

　第4章では,第3章の内容の発展形である状態空間モデルを取り上げています.この章では,RStanという確率的プログラミング言語を使って,マルコフ連鎖モンテカルロ法を使ったベイズ流の時系列モデリングの解説をしています.

　第5章では,複数の時系列データ同士の類似度や影響関係を調べるための多様な方法を取り上げます.信号処理だけでなく,動的時間伸縮,時系列クラスタリング,グレンジャー因果性検定などの,非常に多彩な時系列分析の世界に触れてください.

　第6章では,多変量時系列データを要約する時系列因子分析や,関数主成分分析などの多変量解析手法を解説します.

すべてのソースコードは本書のサポートページにアップしていますので，ダウンロードして実行してみてください．

⇨　https://github.com/komorimasashi/time_series_book/

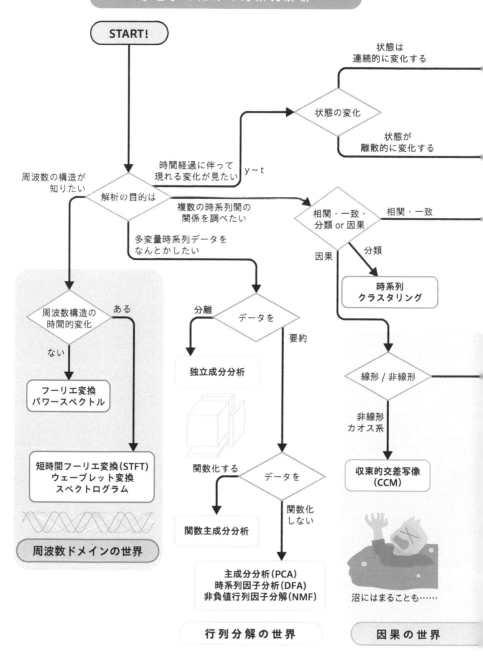

図 1.11　心理学における時系列分析

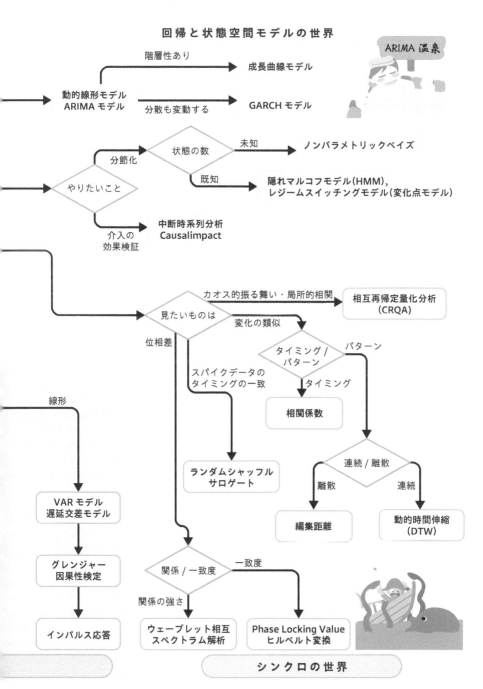

回帰と状態空間モデルの世界

動的線形モデル
ARIMA モデル
　　階層性あり → 成長曲線モデル
　　分散も変動する → GARCH モデル

ARIMA 温泉

やりたいこと
　分節化 → 状態の数
　　　未知 → ノンパラメトリックベイズ
　　　既知 → 隠れマルコフモデル(HMM),
　　　　　　 レジームスイッチングモデル(変化点モデル)
　介入の
　効果検証 → 中断時系列分析
　　　　　　 Causalimpact

見たいものは
　カオス的振る舞い・局所的相関 → 相互再帰定量化分析
　　　　　　　　　　　　　　　　 (CRQA)
　変化の類似 → タイミング / パターン
　　　　パターン → 連続 / 離散
　　　　　　離散 → 編集距離
　　　　　　連続 → 動的時間伸縮
　　　　　　　　　 (DTW)
　　　　タイミング → 相関係数
　スパイクデータの
　タイミングの一致 → ランダムシャッフル
　　　　　　　　　　 サロゲート
　位相差

線形
　VAR モデル
　遅延交差モデル
　グレンジャー
　因果性検定
　インパルス応答

関係 / 一致度
　関係の強さ → ウェーブレット相互
　　　　　　　 スペクトラム解析
　一致度 → Phase Locking Value
　　　　　 ヒルベルト変換

シンクロの世界

# 2 時系列分析の基本操作

## 2.1 RとRStudioの導入

　ここでは，統計解析用プログラミング言語Rで時系列データを扱う方法，および基本的な時系列データの操作方法について解説します．

### 〰 2.1.1 インストール

　R は統計解析に特化したプログラミング言語で，Windows でも，Mac でも，Linux でも無料で使うことができます．Rには**パッケージ**（package）と呼ばれるライブラリが用意されており，これらを追加することでさまざまな機能を拡張することができます．もちろん，時系列分析を行うのに便利なパッケージも数多くあります．CRAN（Comprehensive R Archive Network）のミラーサイト（統計数理研究所など）からダウンロードしてください．

　**RStudio** はRをより使いやすくするための**統合開発環境**（integrated development environment; **IDE**）です．RStudio をインストールするとRはより使いやすくなります．RStudio には，ローカル環境にインストールして使用するRStudio Desktopと，サーバ上でRStudio を操作する RStudio Server がありますが，普通は RStudio Desktop をインストールします．RStudio の公式サイト から RStudio インストーラーをダウンロードしてください．RもRStudio も必ずしも最新のバージョンを入れる必要はありません．最新版にはパッケージの対応が間に合っておらず，使えなかったり不具合が出たりするものもあります．安定したバージョンを使ってください．

---

注1 https://www.r-project.org/

注2 https://www.rstudio.com/products/rstudio/download/#download

## 〽 2.1.2 RStudioの初期設定

RStudioを使うための初期設定をしましょう. 'Tools' から 'Global Options…' を開き, 設定を行います. 主に設定する際に注意が必要なのは以下のとおりです.

- **デフォルトの文字コード**

  'Code' → 'Saving' タブ → 'Default Text Encoding' で設定します. Windowsの場合は, テキストファイルの入出力にShift_JIS (別名はCP932) と呼ばれる文字コードを使います. 一方, LinuxやMacOSの場合はUTF-8を使うとよいでしょう. いわゆる「文字化け」やcsvファイルの読み込みのエラーの多くは, 文字コードが適切に指定されていないことによって生じます. デフォルトの文字コードを明確に設定しておいてください.

- **作業用のディレクトリ**

  'General' → 'Default Working Directory' で設定します. 通常, Rの作業を行うディレクトリ (フォルダ) には決まった場所を指定します. 'Default Working Directory' を指定しておくことで, 分析のたびにパスを指定する作業を回避することができます. ソースコードの中でsetwd("D:/hogehoge")のようにその都度作業ディレクトリを指定することもできます.

- **CRANリポジトリ**

  'Packages' → 'Primary CRAN repository' で設定します. さまざまなパッケージを追加していくことで, Rで多くの機能を使えるようになります. パッケージのダウンロードサイト (CRANリポジトリ) の中から, 日本国内のリポジトリである 'The Institute of Statistical Mathematics' (統計数理研究所) を指定しておくと比較的速くダウンロードできます.

## 〽 2.1.3 RStudioの使い方

さっそくRStudioでコードを書いてみましょう. 左上のプルダウンメニュー (図2.1 ①) から 'R Script' (図2.1 ②) を選ぶと, Rコードを書く場所 (「ペイン」といいます) が開きます.

図2.1 RStudioのメニュー

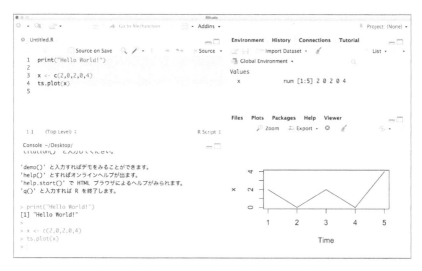

図2.2 RStudioの画面（全体）．4つのペインが存在します．

左上の Source ペインに図2.2 のとおりスクリプトを書いて保存してくだ
さい．R スクリプトのファイルの拡張子は '.R' になります．Source ペイン
は R のコードだけでなく Stan のコード（第4章で解説）を書く際にも使わ
れます．

　Source ペインでは，R スクリプトを書くだけでなく，それを実行するこ
ともできます．実行結果は左下の Console ペインに表示されます．また，
ts.plot() コマンドにより作成された図は，右下の Plots ペインに表示され
ます．現在作成され保持されているオブジェクト（ここでは 'x'）が右上の
Environment ペインに表示されています．

　Windows の場合，スクリプトの実行の仕方は以下のとおりです．Mac で
は「Ctrl+Enter」の代わりに「⌘ (cmd) キー + Return」を使用します．

- **任意の行のコードを実行したいとき**
  その行にカーソルを移動させてから，「Ctrl+Enter」もしくは「Run」ボタンを
  押す
- **複数行のコードを実行したいとき**
  実行したい行を選択してから，「Ctrl+Enter」もしくは「Run」ボタンを押す
- **ファイル内のすべての行を実行したいとき**
  「Ctrl+Shift+Enter」

これで RStudio の基本的な使い方は OK です．

## 〽 2.1.4 データの読み込み

　あとは，実験データなどがまとめられたファイルを R に読み込むことが
できれば，解析の準備ができます．データのファイルを読み込む方法はい
ろいろありますが，データが入力された csv ファイルを読み込むことが最
も一般的です．csv とは「comma separated value」，つまり「カンマで区切
られた値」を意味しており，図2.3 のようにカンマでデータが区切られたテ
キストファイルを指します．

　csv ファイルは，以下のように read.csv() 関数を使えば読み込むことが
できます．

```
dat <- read.csv("sample_dat.csv")
```

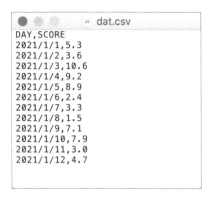

図 2.3　読み込まれた csv ファイル

　ところが，図 2.4 のように，csv ファイルの上から数行に関係のない文字が入っていたり，一番上の行が列名になっていたり，ファイルが普段使っている文字コードと異なっていたりすると，うまくデータを読み込めません．その場合は，以下のようにパラメータを設定すればうまく読み込めます．

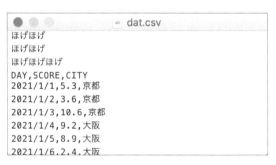

図 2.4　必要のないデータが数行入っている csv.
skip パラメータを設定することで，飛ばして読み込むことができます．

2-1-4.R つづき

```
tmp <- read.csv("dat.csv", fileEncoding='CP932', header=TRUE, skip=3)
```

- **fileEncoding**

  'CP932' を指定すると，Excel や Windows で使われる Shift_JIS の文字コードのデータを読み込めます．'UTF-8' と指定すると政府や自治体のオープンデータおよび Mac や Linux で使われる 'UTF-8' を指定できます．

- **header**

  一番上の行をヘッダ（列名）とみなすのかデータの本体とみなすかを指定できます．一番上の行がいきなりデータで始まっている場合は header = FALSE とします．

- **skip**

  上から何行を無視するかを決めることができます．

## 2.2 データ構造

### 2.2.1 モードとクラス

R で扱うデータは**オブジェクト**（object）と呼ばれます．また，データは基本的には**ベクトル**（vector）の形で格納されます．格納されているデータの形式の違いは**モード型**（mode）と呼ばれます．さらに，オブジェクトの属性の違いは**クラス型**（class）によって分類されます．なかでも**データフレーム型**（data.frame）というクラスは分析の際によく使われます．また，R には，日付・時刻データを扱う **Date クラス**や **POSIXct クラス**，時系列データを扱う **ts クラス**など，用途に応じて便利なクラスが用意されています．

モード型は関数 mode() で調べることができます．モードには以下のような種類があります．

- **理論値**（logical）

  TRUE または FALSE の値をとります．

- **数値**（numeric）

  整数型（integer）や実数型（double），複素数型（complex）などの種類があります．

- **文字列**（character）

  文字列が格納されます．print() で表示したときは " " で囲まれて表示されます．

また，クラス型はclass()で調べることができます．

- **因子** (factor)
- **行列** (matrix)
- **データフレーム** (data.frame)

さらに，あるオブジェクトXがベクトル型であるか否かを調べたいときには，is.vector(X)とすると，TRUEまたはFALSEで値が返ってきます．

2-2-1.R

```r
# ベクトルを作成します。ベクトルを作成するときはc()を使います
x <- c(1, 3, 5, 7, 9)
y <- c(6:10)
print(x)
print(y)

typeof(x) # type型
mode(x) # mode型
class(x) # class型
is.vector(x)
```

```
[1] 1 3 5 7 9
[1]  6  7  8  9 10
'double'
'numeric'
'numeric'
TRUE
```

2-2-1.R つづき

```r
# ベクトルを列方向で連結すると行列オブジェクトになります
m <- cbind(x , y)
typeof(m) # type型
mode(m) # mode型
class(m) # class型
```

```
is.vector(m)
is.matrix(m)
```

```
'double'
'numeric'
'matrix'
'array'
FALSE
TRUE
```

▌2-2-1.R つづき

```
# データフレームクラスのデータを作成します
df <- data.frame(X=x, Y=y)
print(df)
typeof(df)   # type型
mode(df)     # mode型
# ベクトル以外のオブジェクトに対してmode()を実行するとtypeof()と ↩
同じ出力になります
class(df) # class型
```

```
  X Y
1 1  6
2 3  7
3 5  8
4 7  9
5 9 10
'list'
'list'
'data.frame'
```

## 〰 2.2.2 型の変換

Rのオブジェクトの型は相互に変換することができます．たとえば，整

数型を文字型に変換したり，データフレーム型を行列型に変換したりできます．このとき，as.型(X)という書き方をします．以下は文字型をデータフレーム型に変換した例です．

▍ 2-2-2.R

```
x <- c(1, 3, 5, 7, 9)
c <- as.character(x)
mode(c)    # mode型
```

---

```
'character'
```

---

▍ 2-2-2.R つづき

```
m <- cbind(c(1,2,3),c(4,5,6))
df <- as.data.frame(m)
typeof(df)    # type型
mode(df)      # mode型
class(df)     # class型
```

---

```
'list'
'list'
'data.frame'
```

## 2.3 時系列データを扱うときに便利なクラス

### 2.3.1 日付や時刻を扱うクラス

Rには，日付（date）オブジェクトを表すDateクラスと，日時分秒（date-time）オブジェクトを表すクラスのPOSIXlt, POSIXctがあります．これらのクラスを使うことで，日付や時間のデータを，文字列ではなく，足したり引いたりできるデータとして扱うことができます．

## Date クラス

日付のみのデータであれば, Date クラスを用います. このクラスを使うことで, 日数の加減算などができるようになります. また, as.Date() 関数を利用することで文字列を Date クラスのオブジェクトに変換することができます. 文字列を日付に変換する場合は format() 関数を使います.

▌2-3-1.R

```
today <- Sys.Date()  # 今日の日付をDateクラスとして取得します
d <- as.Date("2011-03-11")  # 東日本大震災の日をDateクラスに変換します
today- d  # 東日本大震災から何日経過したかがわかります
```

```
Time difference of 3740 days
```

日付の表記はさまざまです.「2011年3月11日」であれば, "3-11-2011" や "2011/3/11" だったり, "Mar.11,2011" や "11 March 2011" だったりします. このような文字列も as.Date() 関数で format を指定することで, "yyyy-MM-dd" 形式 (西暦が4桁で, 月日の数字が常に2桁にそろえられているフォーマット) の日付に変換することができます. また, フォーマットコードは表2.1 に示しました. この関数を用いることで, テキストファイルに記録されている日付データを効率的に利用することができます.

表2.1 日付のフォーマットコード

| フォーマットコード | 意味 |
| :---: | :---: |
| %d | 日 |
| %m | 月 |
| %Y | 4桁の西暦 (例：2021) |
| %y | 2桁の年 (例：21) |
| %b | 3文字で短縮された月 |
| %B | 月のフルネーム |

以下はすべて「2011-03-11」に変換されます.

```
as.Date("2011年3月11日", format="%Y年%m月%d日")
as.Date("11ねん3がつ11にち", format="%yねん%mがつ%dにち")
as.Date("March 11, 2011", format="%B %d, %Y")
as.Date("11 Mar, 2011", format="%d %b, %Y")
as.Date("11/3/2011", format="%d/%m/%Y")
```

　逆に，Dateクラスオブジェクトを文字列に変換したい場合にはformat()
関数を使います．

```
d <- as.Date("2011-03-11")
format(d, "%Y年%m月%d日%A") # %Aでは曜日を出力します
```

　Dateクラスを使って簡単な作図をしてみましょう．以下のコードで図2.5
が出力されます．

```
x <- as.Date(c("2011-03-11","2011-09-11","2012-03-11"))
y <- c(5,2,3)
plot(x,y,type="l",xlab="Day",ylab="Value", xaxt="n")
# "month"を"year","Y"."day"に変更すると刻みを変えることができます
axis.Date(1,at=seq(min(x),max(x),"month"),format="%y/%m/%d")
```

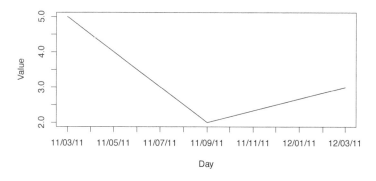

図2.5　Date型変数を使ったグラフ

　連続した日付のベクトルを作成したいときは以下のように書きます.
by="day" と指定したときは連続した日付のベクトルが作成されます.
"week" や "month" や by ="5 days" と指定することもできます.

▌2-3-1.R つづき

```
seq(as.Date("2020-12-25"), as.Date("2021-01-10"), by = "day")
```

### POSIXct クラスと POSIXlt クラス

　日付に加えて時分秒も扱う場合には, POSIXct クラスや POSIXlt クラス
を使います. POSIXct の ct はカレンダー時間 (calender time) を意味し,
POSIXlt の lt はローカル時間 (local time) を意味します. ともに1970年1
月1日 00:00:00 (UNIX時間という時間の数え方の起点) から数えた秒数で
時間を扱うクラスです. 1970年1月1日からの秒数は以下のコマンドで出
力できます.

▌2-3-1.R つづき

```
as.numeric(as.POSIXct(Sys.time()))
```

　POSIXct, POSIXlt の使い方はDate クラスと似ていますが, タイムゾーン
(特定の標準時を使う地域) の指定に注意が必要です. たとえば, 日本の標

準時（JST）は協定世界時（UTC）より9時間進んでいるので，日本の時刻を扱う場合には引数tzでタイムゾーンが日本であると指定しなければなりません．なお，UTC（協定世界時）はGMT（グリニッジ標準時）とほぼ同じものです．

▌2-3-1.R つづき

```
as.POSIXct("2011-03-11 14:46:18")
as.POSIXct("2011-03-11 14:46:18", tz="Japan")  # JSTになります
as.POSIXct("2011-03-11 14:46:18", tz="Asia/Tokyo")  # JSTになります
```

```
[1] "2011-03-11 14:46:18 UTC"
[1] "2011-03-11 14:46:18 JST"
[1] "2011-03-11 14:46:18 JST"
```

タイムゾーンを変更するときやサマータイムを扱う場合はPOSIXltクラスを使います．

▌2-3-1.R つづき

```
t <- as.POSIXct("2011-03-11 14:46:18", tz="Japan")
as.POSIXlt(t, tz="EST")  # アメリカ東部標準時で表示（夏時間なし）
```

```
[1] "2011-03-11 09:46:18 EST"
```

表2.2のフォーマットコードを使うことで，Dateクラスと同じように，文字列を時刻に変換することもできます．

表2.2　POSIXlt型のフォーマットコード

| フォーマットコード | 意味 |
|---|---|
| %H | 時（24時間制） |
| %M | 分 |
| %S | 秒 |

▌2-3-1.R つづき

```
as.POSIXct("2011年3月11日14時46分18秒", format="%Y年%m月%d日%H時%M⤸
分%S秒", tz="Japan")
as.POSIXct("2011-03-11 14:46:18", format="%Y-%m-%d %H:%M:%S", tz="⤸
Japan")
# 日付を指定しなければ現在の日付になる
as.POSIXct("14:46:18", format="%H:%M:%S", tz="Japan")
```

format() を使えば, 指定の書式の文字列を出力できます.

▌2-3-1.R つづき

```
t <- as.POSIXct("2011-03-11 14:46:18", tz="Japan")
# %Aや%aは曜日を表示する. %Xは24時間制の時刻を表示する
format(t, "%b %d %A %X %Y %Z")
```

axis.POSIXct() 関数を使ってグラフを描いてみましょう. 以下のコード
で図2.6 が出力されます.

▌2-3-1.R つづき

```
x <- as.POSIXct(c("6:30","13:00","21:40"), format="%H:%M")
y <- c(5,2,3)
plot(x, y, type="b", xlab="Time", ylab="Value", xaxt="n")
par(xaxt="s")
start_time <- as.POSIXct("0:00",format="%H:%M")
end_time <- as.POSIXct("24:00",format="%H:%M")
axis.POSIXct(1, at=seq(start_time, end_time, "hour"), format="%H:%M")
```

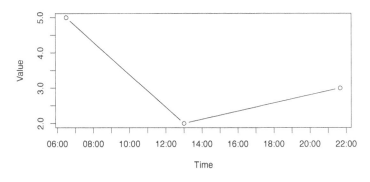

図2.6　POSIXct クラスのデータの描画

　また，より直感的に日時や時刻を扱いたいなら，{lubridate}ライブラリ
が便利です．

▌2-3-1.R つづき

```
library(lubridate)
# 年月日が別々に入っている場合
make_datetime(2011,3,11,14,46,18, tz="Japan")
# yyyy-MM-dd HH:mm:ss 形式
ymd_hms("2011-03-11 14:46:18", tz="Japan")
# 引数がかなり適当でも対応できる
ymd_hms("20110311144618", tz="Japan")
```

```
[1] "2011-03-11 14:46:18 JST"
[1] "2011-03-11 14:46:18 JST"
[1] "2011-03-11 14:46:18 JST"
```

## 2.3.2 時系列データを取り扱うためのクラス

### ts クラス

　ts クラスは，時系列データを専門に扱うためのクラスの中で代表的なも
のです．時系列データは，1年やそれを12分割した月，1週間，さらにそれ

を7分割した日のように，観測の単位（たとえば月）とそのまとまりの単位（年）を持っていることが一般的です．このようなデータを扱うため，tsクラスのオブジェクトは基本的に以下のような情報をまとめたものになっています．

- **観測時点**
  観測した時点のデータ．`time()`で取り出すことができます．
- **頻度**
  観測の頻度．年に対する月の頻度は12，週の場合は7．`frequency()`で取り出せます．
- **サンプリングレート**
  頻度の逆数が入っています．`deltat()`で取り出せます．
- **周期**
  位相の情報．年に対する月に相当します．`cycle()`で取り出せます．
- **観測値**
  時間順に観測値が入っています．`unclass()`で取り出せます．

　1960 〜 1968年における，イギリスの四半期ごとのガス消費量のデータセット UKgas を例に見てみましょう．UKgas データは ts クラスのオブジェクトであることがわかります．

▌2-3-2.R

```
data(UKgas)
class(UKgas)  # たしかに"ts"クラスです
# tsクラスのオブジェクトをプロットするときにはts.plot()を使います
ts.plot(UKgas)
# データ取得開始の（年，四半期）がベクトルとして入っています
start(UKgas)
# データ取得終了の（年，四半期）がベクトルとして入っています
end(UKgas)
```

　また，{forecast}パッケージの autoplot()（引数は ts クラス）を使うと，ggplot2 による美麗なグラフが作成できます（図2.7）．

2-3-2.R つづき

```
library(forecast)
autoplot(UKgas)
```

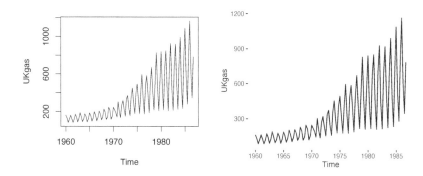

図2.7　UKgasデータ．ts.plotによる描画（左）とautoplotによる描画（右）

tsオブジェクトを作成するときは，データとスタート時点，頻度などを指定します（図2.8）．

2-3-2.R つづき

```
# 2020年1月から60ヵ月分の観測値の仮想データ（ランダムウォーク）
set.seed(9999)
x <- ts(data =  cumsum(rnorm(n=60)), start=c(2020,1), frequency=12)
ts.plot(x)
```

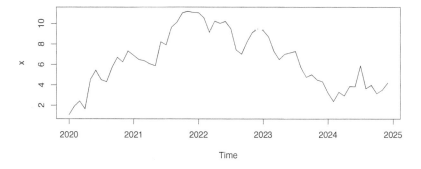

図2.8　ts.plotで描画したランダムウォーク（P.48）

window()を用いて，時系列の一部分を切り出すこともできます（図2.9）．

▍2-3-2.R つづき

```
window(x,c(2020,1),c(2021,3))
```

```
         Jan     Feb     Mar     Apr     May     Jun     Jul     Aug     Sep     Oct     Nov     Dec
2020  1.0841 1.92721  2.4216 1.64858  4.5524 5.46128  4.4982 4.30992 5.73029 6.71673 6.26679 7.33845
2021 6.92188 6.49274 6.37609
```

図2.9　時系列の切り出し

　ただし，tsクラスは計量経済学に関係する時系列データを扱うために開発されたクラスなので，分単位のデータを扱ったりする際はいささか使いにくいところがあります．そのため，tsクラスを拡張したzooクラスやxtsクラスもよく使われます．Rでよく使われる時系列解析用の関数はtsクラスやzooクラスのオブジェクトを用いることが多いようです．また，最近はtidyverseに対応したtsibbleクラスが注目されています．

### 時系列を整然データとして扱うクラス

　近年，Rユーザーの間では，データを**整然データ**（tidy data;「雑然とした」の対義語）という形式で統一的に扱うとよい，という考え方が広まりつつあります．この考え方に則って，整然データを扱うためのパッケージを集めた{tidyverse}というパッケージのセットが広く使われるようになってきました．{tidyverse}には，data.frameからデータの抽出・整理・要約などが簡単にできるパッケージである{dplyr}や，美しいグラフを手軽に描画できる{ggplot2}などのパッケージが含まれています．{ggplot2}は整然データ形式で記述されたデータを表示するようにできています．また，{tsibble}パッケージを使えば，時系列データを整然データとして扱うことができるようになります．

　では，整然データとはどのようなものでしょうか．簡単にいえば，「個々の変数が1つの列をなしており，1つの観測が1つの行に対応する」ようにデータを並べたものです．たとえば，2群の18個の観測値をまとめた表2.3は人間にとってはとても見やすいですが，1つの行に複数の観測値が含まれているので，整然データではありません．実験参加者Aの2日目の観測

値を見るためには，列と行のインデックスを確認する必要があります．

表2.3　整然データではない形式（18個の観測値がある）

| 統制群 | 実験参加者 | | | 実験群 | 実験参加者 | | |
|---|---|---|---|---|---|---|---|
| 観測日 | 参加者A | 参加者B | 参加者C | 観測日 | 参加者D | 参加者E | 参加者F |
| 1日 | 3 | 1 | 4 | 1日 | 4 | 2 | 6 |
| 2日 | 1 | 2 | 3 | 2日 | 3 | 5 | 4 |
| 3日 | 2 | 3 | 1 | 3日 | 2 | 6 | 3 |

一方，これを整然データに直したものが表2.4です．1つの観測値が1つの行に割り当てられているため，複雑な前処理を行うことなく，データ整形から処理・可視化まで一連の流れをミスなく円滑に行いやすくなります．このためのしくみとして，{tidyverse}の一連のパッケージでは**パイプ演算子**（%>%）が使われます．

表2.4　整然データに変換した形式

| ID | 群 | 観測日 | 観測値 |
|---|---|---|---|
| 参加者A | 統制群 | 1日 | 3 |
| 参加者A | 統制群 | 2日 | 1 |
| 参加者A | 統制群 | 3日 | 2 |
| 参加者B | 統制群 | 1日 | 1 |
| 参加者B | 統制群 | 2日 | 2 |
| 参加者B | 統制群 | 3日 | 3 |
| 参加者C | 統制群 | 1日 | 4 |
| 参加者C | 統制群 | 2日 | 3 |
| 参加者C | 統制群 | 3日 | 1 |
| 参加者D | 実験群 | 1日 | 4 |
| 参加者D | 実験群 | 2日 | 3 |
| 参加者D | 実験群 | 3日 | 2 |
| 参加者E | 実験群 | 1日 | 2 |
| 参加者E | 実験群 | 2日 | 5 |
| 参加者E | 実験群 | 3日 | 6 |
| 参加者F | 実験群 | 1日 | 6 |

| ID | 群 | 観測日 | 観測値 |
|---|---|---|---|
| 参加者F | 実験群 | 2日 | 4 |
| 参加者F | 実験群 | 3日 | 3 |

　時系列を扱う ts クラスを拡張し，tidyverse のフォーマットに準拠したデータ形式にしたものが tbl_ts クラスです．as_tsibble() を使うことで，時系列データを tbl_ts クラスのオブジェクトに変換でき，パイプ演算子（%>%）も使うことができるようになります．また，{ggplot2} などの tidyverse 関連パッケージの関数にデータを渡すことも容易です．図2.10 のように，tbl_ts クラスにすることで，ggplot で手軽に描画できるようになります．

　今後，整然データの形式でデータを扱うことは広まっていくでしょう（ただし現時点では，活発に開発が進んでいることから {tidyverse} 関係の関数の仕様が頻繁に変わることがあるため，常に最新の情報を手に入れてください）．

▎2-3-2.R つづき

```
library(tsibble)
library(dplyr)
library(ggplot2)

# UKgasデータをtbl_tsクラスに変換しggplot2で描画しています
UKgas %>%
 as_tsibble  %>%
 ggplot()  + geom_line(aes(x = index, y = value))

# UKgasデータをtbl_tsクラスに変換，年ごとに平均値を集計しggplot2で ↩
描画しています
UKgas %>%
 as_tsibble  %>%
# index_by()は{dplyr}のgroup_by()の時系列版です
 index_by(Year = ~ year(.))   %>%
 summarise(Mean = mean(value)) %>%
```

```
ggplot()  + geom_line(aes(x = Year, y = Mean))
```

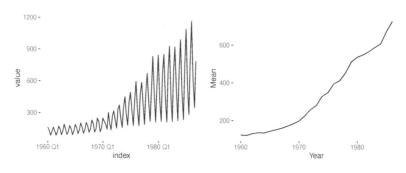

図2.10　イギリスのガスの使用量データ (UKgas) の原系列 (左) と年ごとの平均系列 (右)

# 2.4　基本的な時系列の操作と集計

## 2.4.1　時系列データの操作

ラグ

　ある時点 $t$ を基準にしたときの時間のずれ（遅れ）を**ラグ** (lag) といいます．時点 $t$ を基準として，データ $y_t$ の1つ前のデータ $y_{t-1}$ は1次のラグ，2つ前のデータ $y_{t-2}$ は2次のラグと呼ばれます．ラグを求めるには lag() 関数を使います．

2-4-1.R

```
# tsクラスのオブジェクトのラグを求めるときはstats::lag()を使う
# 2020年1月からの配列
x <-ts(1:120,start=c(2020,1),frequency=12)

# 1年前にずらしたデータ(2019年1月から開始される)
stats::lag(x, k=12)

# tsクラス以外のオブジェクトのラグを求めるにはdplyr::lag()を使う
```

```
library(dplyr)
x <-  1:10
dplyr::lag(x, k=1)
```

また, data frame を 使 っ て い る の で あ れ ば, {dplyr} パ ッ ケ ー ジ の
mutate() を使ってラグ系列を作成することもできます.

▌2-4-1.R つづき

```
# ラグ系列でデータフレームを作成する
data.frame(x = 1:10) %>%
  dplyr::mutate(lead=lead(x, k=1)) %>%
  dplyr::mutate(lag=lag(x, k=1))
```

|    | x  | lead | lag |
|----|----|------|-----|
| 1  | 1  | 2    | NA  |
| 2  | 2  | 3    | 1   |
| 3  | 3  | 4    | 2   |
| 4  | 4  | 5    | 3   |
| 5  | 5  | 6    | 4   |
| 6  | 6  | 7    | 5   |
| 7  | 7  | 8    | 6   |
| 8  | 8  | 9    | 7   |
| 9  | 9  | 10   | 8   |
| 10 | 10 | NA   | 9   |

## 階差

時系列で隣り合ったデータの差分を**階差**(difference)といいます. 階差
の系列は diff() で求めることができます. 階差は, 時系列データに含まれ
る線形トレンドを除去する方法として時系列分析では非常によく用いられ
ます. 特に, $y_t$ から1つ前のデータ $y_{t-1}$ を引いた $\Delta y_t = y_t - y_{t-1}$ は1階の
階差と呼ばれます. 原系列の4時点目から5時点目の間で値が大きく上昇
しているので, 階差系列の4時点目の値は大きくなっています (図2.11).

この階差の系列からつくった階差系列は2階の階差です.

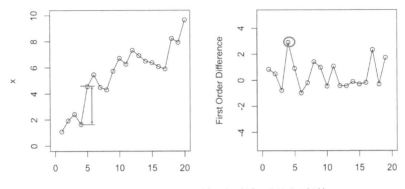

図2.11　1階階差のイメージ（原系列（左）と階差系列（右））

2-4-1.R つづき

```
x <- cumsum(0:10)         # 時系列(0,1,3,6,10,15,21,28,36,45,55)
diff(x, lag=1, differences=1)   # 1階階差（等差数列になる）
diff(x, lag=1, differences=2)   # 2階階差（すべて1になる）
```

## 2.4.2　移動集計

　時系列データ集計において特徴的なものの一つは，**移動集計**（moving aggregation）です．**ローリング集計**（rolling aggregation）や，running aggregation, windowed aggregation と呼ばれることもあります．これは，時系列データを一部分だけ取り出す枠を少しずつ移動させながら，さまざまな集計を行うことを指します．この枠を**窓**（window）と呼びます.

　図2.12 のように，互いに重なった期間でグループ集計をするのが移動集計です．集計とはいうものの，集計後のデータの数が減るわけではありません．窓の幅を**窓長**（window length），窓をずらすときの移動距離を**シフト長**（shift length）といいます．また，その窓の範囲の値に対して行う処理を**窓関数**（window function）と呼びます．窓をずらすことを**スライシング**（slicing）または**スライディング**（sliding）と呼びます．

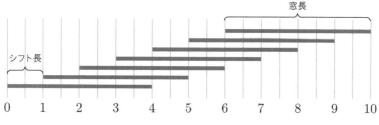

図2.12　移動集計における窓長とシフト長の関係

### 2.4.3 移動平均

最もよく使われる移動集計の一つが**移動平均** (moving average) です.

$$m_{t,n} = \frac{1}{n}\sum_{k=0}^{n-1} y_{t-k}, \quad t = 1, 2, 3, \cdots$$

たとえば, 曜日の影響が大きいデータを分析する際に, 変化の傾向を見たい場合には移動平均 $m_{t,7}$ を用います (ただし $1 \leq t \leq 6$ では算出できません).

移動平均を求めるには {zoo} パッケージの rollmean() を使うのが便利です. 図2.13 は, 2020年12月25日から2021年2月10日までの日時時系列データ $y$ (乱数) と, それに対して1週間の移動平均を求めた結果です. 最初の1週間はデータがそろわないので, 1月1日までは欠損値になっています. 出力結果の 図2.13 を見ると, 移動平均系列はもとの時系列よりも変化がなめらかになっていることがわかります.

▎2-4-3.R

```
library(zoo)
library(dplyr)
library(ggplot2)
library(tidyr)

# データの作成
day <- seq(as.Date("2020-12-25"), as.Date("2021-01-10"), by = "day")
dat.original <- rnorm(length(day))
```

```
# 移動平均

dat.moving_average <- zoo::rollmean(dat.original, 7, align = "righ ↵
t", fill = NA)

# データフレームを作成する

df <- data.frame(day = day) %>%
  dplyr::mutate(original = dat.original) %>%
  dplyr::mutate(moving_average = dat.moving_average) %>%
  pivot_longer(-day, names_to = "dat", values_to = "value")

# 作図

ggplot(df,aes(day)) + geom_line(aes(y = value, colour = dat))
```

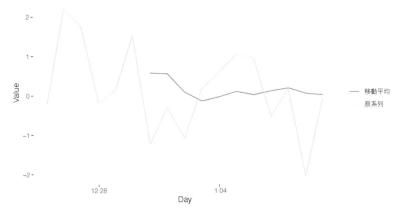

図2.13　原系列と移動平均（窓長の分だけ系列が短くなっています）

##  2.4.4　移動相関

　**移動相関**（moving correlation）は，2つの時系列同士の相関を窓を移動させながら求めた系列であり，2つの時系列の関係の変化を見ることができます（図2.14）．このためには相関を求める関数をつくる必要があります．関数は，function(引数){関数で行う処理内容と戻り値の設定}のように書きます．

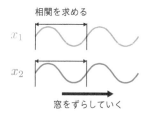

相関を求める

$x_1$

$x_2$

窓をずらしていく

図2.14 移動相関のイメージ

▎ 2-4-4.R

```
library(zoo)
# 相関係数を求めるcorrelationという名前の関数を作成する
correlation <- function(x) {
  return(cor(x[,1],x[,2]))
}
# データフレームの作成（2つの系列は正規乱数で作成している）
df <- data.frame(x1 = rnorm(50), x2= rnorm(50))
# zooのrollapplyr()関数で窓長20の相関分析(correlation)を順に適用
zoo::rollapplyr(df, width=20, FUN=correlation,  by.column=F)
```

## 2.4.5 自己相関

　時系列データの最も重要な記述統計量（標本の特徴を要約した値）は，**自己共分散**（auto-covariance）と**自己相関係数**（auto-correlation）です．観測値の生データや，そこから季節成分やトレンドを除去したランダム誤差の自己相関を調べることで，たとえば季節成分が含まれているか，ある分析手法を適用していいのかどうかといったことを判断できます．

　自己相関は，時系列の元データと，そのデータをラグ $k$ だけ前にずらしたデータとの相関をとったものです．仮に $y_t$ が定常過程（つまり，任意の時点 $t$ で確率分布が同じになる時系列）だとすると，自己共分散 $c_{t,k}$ は以下の式で表されます． $n$ は標本点の数，$\overline{y}$ は $y$ の平均値です．

$$c_{t,k} = \frac{1}{n} \sum_{t=1}^{n-k} \left( y_t - \overline{y} \right) \left( y_{t+k} - \overline{y} \right)$$

また自己相関係数 $r_k$ は，ラグ $k$ の自己共分散 $c_k$ をラグ 0 の自己共分散 $c_0$ で割った値になります．これを $k$ 次の自己相関ともいいます．

$$r_k = \frac{c_k}{c_0} = \mathrm{Cor}\,(x_t, x_{t+k})$$

これを $k$ の関数としてみたものが**自己相関関数**（auto-correlation function; **ACF**）です．自己相関関数は acf() で求めることができます（オプションで type="covariance" と追加すると，自己相関関数の代わりに自己共分散関数を得ることもできます）．また，acf() を実行すると，自動的に自己相関関数のグラフ（横軸がラグ $k$ となっているグラフ）が生成されます．この図は，**コレログラム**（correlogram）と呼ばれます．引数 lag.max で，正負のラグの数を設定することができます．コレログラムを見ると，隣り合った時点のデータがどの程度類似しているかや，データが周期性を持つかどうか，その周期はどの程度かを確認することができます．

## ホワイトノイズの自己相関

まずは，以下の式で生成された**ホワイトノイズ**（white noise）の自己相関関数を求めてみましょう．ホワイトノイズは時点ごとに平均 0 の乱数を発生させてつくった時系列です．したがって，観測値 $y_t$ はノイズ $\varepsilon_t$ と同じになります．ここでノイズ $\varepsilon_t$ は平均 0，分散 $\sigma^2$ の正規分布に従うとします（これを $\sim \mathcal{N}(0, \sigma^2)$ と書きます）．

$$y_t = \varepsilon_t$$
$$\varepsilon_t \sim \mathcal{N}\left(0, \sigma^2\right)$$

正規分布に従うホワイトノイズは正規ホワイトノイズと呼ばれます．ホワイトノイズは，その都度乱数を発生させて並べただけなので，各時点のデータは前後のデータとは何も関係がありません（図 2.15）．破線は 95% 信頼区間を表しています．時点 0 以外は，この破線を下回っており，自己相関がほぼ 0 であることがわかります．

▌ 2-4-5.R

```
# White noiseの作成
white.noise <- rnorm(100)
ts.plot(white.noise)
# 自己相関関数
acf(white.noise)
```

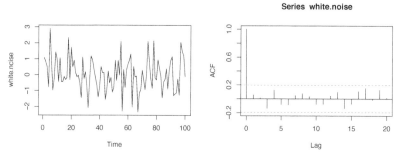

図2.15　ホワイトノイズとその自己相関関数

## ランダムウォーク

　次に，**ランダムウォーク**（random walk）の自己相関を調べてみましょう．ランダムウォークとは，ノイズがどんどん積み上がっていく時系列のことです．酔歩（酔っ払いの歩行）と呼ばれるだけあって，最終的にどこに向かっていくのかまったくわからない時系列です．ランダムウォークは平均値が時間とともに変化する非定常過程であり，隣り合った観測値の差分 $\Delta y_t = y_t - y_{t-1}$ が定常過程となる，**単位根過程**（unit root process）と呼ばれる時系列の代表です．ランダムウォークをはじめとする単位根過程のデータ同士の回帰分析を行うことは，「見せかけの回帰」（第3章で解説）と呼ばれる誤った結論につながるといわれています．

$$y_t = y_{t-1} + \varepsilon_t$$
$$\varepsilon_t \sim \mathcal{N}\left(0, \sigma^2\right)$$

　図2.16を見ると，5時点離れていても，かなり自己相関が高いことがわ

かります．このようなデータを分析するときには階差系列 $\{y_t - y_{t-1}\}$ をとるなどの工夫が必要になります．

▌ 2-4-5.R つづき

```
# random 系列の作成
random.walk <- cumsum(rnorm(100))
ts.plot(random.walk)
acf(random.walk)
```

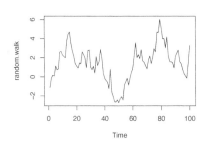 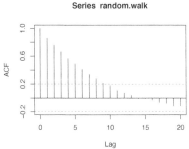

図2.16 ランダムウォーク系列とその自己相関関数．高い自己相関（系列相関）があることがわかります．

## 季節成分の含まれたデータ

次に，{gtrendsR}パッケージを使って，毎日の「月曜日」という言葉のGoogle検索回数データを調べてみます．すると，$k = 7, 14$ 日の自己相関係数が高いことがわかります（図2.17）．このことから，検索回数には1週間を周期とする季節成分が含まれていることがわかります．このような季節成分を持つ時系列データは非定常時系列の代表的なものの一つです．季節成分を含むデータを分析する際には，季節調整を行う必要があります（具体的な方法は第3章）．

▌ 2-4-5.R つづき

```
library(gtrendsR)
trend <- gtrends(
```

```
  keyword = "月曜日",  # 検索キーワード
  geo = "JP",  # 検索地域
  time =  "2020-08-01 2020-12-01" # 取得期間
)
plot(trend)
googletrend <- trend$interest_over_time$hits
acf(googletrend)
```

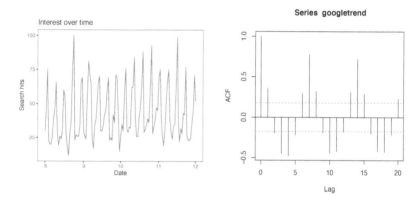

図2.17 「月曜日」のGoogle検索数変化とその自己相関関数。7日の周期で自己相関関数が変動していることがわかります。

## 2.5 時期列の分解

第1章で説明したように，時系列データ $y_t$ は，長期的に変動する成分であるトレンド $m_t$ と，周期的に変動する成分である季節成分 $s_t$，それに不規則な変動 $\varepsilon_t$ が加算されたものだと考えることができます（ただし，ここでは平均は0，つまりレベル成分は存在しないと考えます）。

$$y_t = m_t + s_t + \varepsilon_t$$

トレンド $m_t$ を取り出す古典的な方法は，ある時点から前後 $\pm a$ の幅の窓を設定し（$a$ の値は適切なものに設定する），窓を動かしながら移動平均を

求めることです．$\widehat{m}_t$はトレンドの推定値です．

$$\widehat{m}_t = \left( \frac{1}{1+2a} \right) \sum_{k=-a}^{a} y_{t+k}$$

　また，観測値からトレンドを引いた値から，指定した周期で繰り返される成分を抽出し，これを季節成分$s_t$とします．そして残りを不規則変動$\varepsilon_t$とします．Rではdecompose()関数を使うことで，成分の分解ができます（図2.18）．decompose()関数の引数には，tsクラスに変換された時系列を指定します．tsクラスへの変換の際には，曜日の影響を考えるためfrequency=7と周期を指定します．

▎2-5.R

```
# decompose関数
y <- ts(googletrend, frequency=7)
y.decomp <- decompose(y,type="additive")
plot(y.decomp)
```

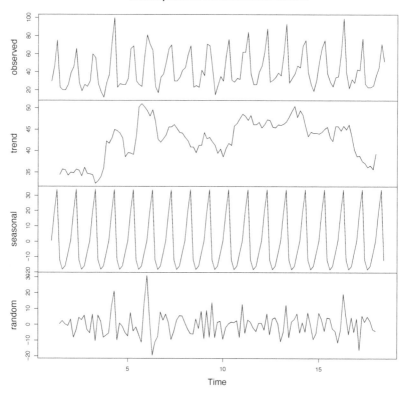

**Decomposition of additive time series**

図 2.18　decompose()関数による時系列の分解.
原系列, トレンド, 季節成分, 残差に分解されます.

　現在では, 移動平均法の代わりに, 比較的外れ値の影響を受けにくい
**LOESS**（locally estimated scatterplot smoothing）と呼ばれる局所カーネ
ル平滑化手法を使って, トレンド成分を求めることが一般的です. LOESS
でトレンドを求めるには, stl()関数を使います（図 2.19）. LOESS のカー
ネルのパラメータを指定することで, 平滑化の程度を指定することがで
きます. 時系列データから季節成分を除去することは**季節調整**（seasonal
adjustment）と呼ばれます. 季節調整を行うことで, 曜日の違いの影響を
排除することができます.

```
y.stl <- stl(y, s.window="periodic")
plot(y.stl)
# 手節調整後のデータ
y.ex_season <- y.stl$time.series[,"trend"]+y.stl$time.series[,"rem ↵
ainder"]
plot(y.ex_season)
```

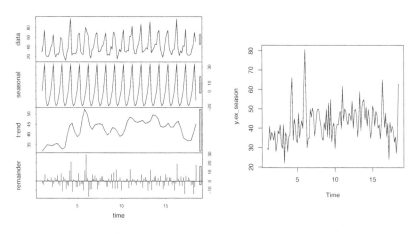

図2.19　stl() 関数による時系列の分解 (左) と季節調整後の時系列 (右)

## 2.6　AR モデル, MA モデル, ARIMA モデル

### 2.6.1　AR モデル

　時系列データでは, 過去の値が現在の値との間になんらかの関係がある場合がほとんどです. **自己回帰モデル** (autoregressive model; **AR モデル**) は, 過去の自分自身の値と現在の値の関係を表すモデルの一つで, 時系列分析では非常によく用いられます.

　まずはこの AR モデル中で最も単純なモデルである AR(1) 過程について説明します. AR(1) 過程は以下の式で表されます.

$$y_t = \phi_1 y_{t-1} + \varepsilon_t$$
$$\varepsilon_t \sim \mathcal{N}\left(0, \sigma^2\right)$$

$y_t$ は現在の値, $y_{t-1}$ は1つ前の時点での値です. つまり, 現在の値は1つ前の値に自己回帰係数 $\phi_1$ をかけた値に, 誤差項 $\varepsilon_t$ が加わったものであるという回帰式になっています. これが自己回帰といわれる理由です. $|\phi_1| < 1$ であれば, このAR過程は定常過程になり, 遠目に見れば平らなグラフになります. しかし, そうでなければ $y_t$ の値はどんどん発散してしまいます ($\phi_1 = 1$ のときはランダムウォークと呼ばれます).

$\phi_1 = 0.1$ と $\phi_1 = 0.9$ のときの様子を観察してみましょう (図2.20). $\phi_1$ が大きいほどなめらかに変化しており, 自己相関が高いことがわかります.

▌2-6-1.R

```
# ARモデル
# AR(1)モデル （φ=0.1）
model.small <- list(order = c(1, 0, 0), ar = 0.1, sd = 0.1)
# AR(1)モデル （φ=0.9）
model.large <- list(order = c(1, 0, 0), ar = 0.9, sd = 0.1)
# 数値シミュレーション
AR1.small <- arima.sim(n = 500, model = model.small)
# 数値シミュレーション
AR1.large <- arima.sim(n = 500, model = model.large)

# 描画のセットアップ
par(mfrow = c(2, 2))
ylm <- c(min(AR1.small, AR1.large), max(AR1.small, AR1.large))
# 時系列の描画
plot.ts(AR1.small, ylim = ylm, ylab = expression(italic(y)[italic(
t)]),
        main = expression(paste(phi, " = 0.1")))
plot.ts(AR1.large, ylim = ylm, ylab = expression(italic(y)[italic(
t)]),
        main = expression(paste(phi, " = 0.9")))
```

```
acf(AR1.small, main="")
acf(AR1.large, main="")
```

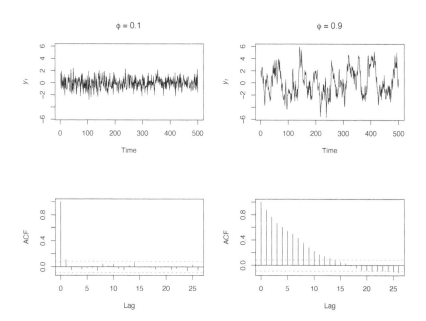

図2.20 AR(1)に従う時系列データとその自己相関関数(左：$\phi_1 = 0.1$, 右：$\phi_1 = 0.9$)

$p$個前までのデータを使って回帰をした場合にはAR$(p)$モデルと呼ばれます.

$$y_t = \phi_1 y_{t-1} + \phi_2 y_{t-2} + \ldots + \phi_p y_{t-p} + \varepsilon_t$$
$$\varepsilon_t \sim \mathcal{N}\left(0, \sigma^2\right)$$

　一般的な回帰分析では, 誤差項 $\varepsilon_t$ は観測ごとに独立に入ってくるノイズ
です. しかし, ARモデルでの誤差項 $\varepsilon_t$ は違います. たとえば, 体重変化を
AR(1)モデルで考えてみましょう. ある日たまたま食べすぎて $\varepsilon_t$ が大きな
値をとったとします. AR(1)モデルならば体重は前日の体重から決まるの
で, 体重増加 $\varepsilon_t$ の影響は次やその次の観測値にも影響するのです (つまり
体重が増えてしまった状態が続きます).

## ～ 2.6.2 MAモデル

ARモデルは以前の自分自身の値が現在の値に影響するというモデルでしたが，**移動平均モデル**（moving-average model; **MAモデル**）は，現在の誤差項に加えて，以前の誤差項も現在の値 $y_t$ に影響するというモデルです．$\theta$ は過去の誤差項 $\varepsilon$ がどの程度影響するかを表す係数です．たとえば，スーパーの売場担当者が知らないところでチラシ広告が配られているとします．売場担当者からはチラシの効果による売上増はノイズに見えますが，チラシの効果は徐々に減衰しながらも数日間は続くので，売上が高い日のあとはしばらく売上が高い日が続くことになります．MAモデルはこのような現象をモデル化することができます．$q$ 個前までの誤差項が影響するMA($q$) モデルは以下のようになります．実際には，心理学の研究においてMAモデル単体で用いられることはまずありません．

$$y_t = \varepsilon_t + \theta_1 \varepsilon_{t-1} + \theta_2 \varepsilon_{t-2} + \ldots + \theta_q \varepsilon_{t-q}$$
$$\varepsilon_t \sim \mathcal{N}\left(0, \sigma^2\right)$$

## ～ 2.6.3 ARMA, ARIMA, ARIMAXモデル

ARモデルとMAモデルを単純に組み合わせたものが**自己回帰移動平均モデル**（auto-regressive moving average model; **ARMAモデル**）です．AR($p$) モデルとMA($q$) モデルを組み合わせたものは，ARMA($p,q$) モデルと呼ばれます．

$$y_t = \phi_1 y_{t-1} + \phi_2 y_{t-2} + \ldots + \phi_p y_{t-p} + \varepsilon_t + \theta_1 \varepsilon_{t-1} + \theta_2 \varepsilon_{t-2} + \ldots + \theta_q \varepsilon_{t-q}$$

さらに，このARMAモデルを差分系列に適用したものを**自己回帰和分移動平均モデル**（auto-regressive integrated moving average model; **ARIMAモデル**）といいます．$y_t$ の $d$ 階差分系列の ARMA ($p,q$) モデルは ARIMA ($p,d,q$) モデルと表されます．ARIMAモデルや，ここから派生した**季節自己回帰和分移動平均モデル**（seasonal autoregressive integrated moving average model; **SARIMA モデル**）は，予測に重点を置く時系列分析では非常に重要なモデルです．ARIMAモデルを使った予測手法は，1960年代末にボックスとジェンキンスにより提案されていることから**ボックス‐ジェンキンス法**（Box-Jenkins method）とも呼ばれます．ARIMAモデルは一連の解析手続きが確立しているため，広く予測に用いられています．

ARIMAモデルがどのように使われるかを以下の例で見てみましょう．ナイル川の流量のデータ（Nile）を使ってみます．auto.arima()はAIC（赤池情報量規準）に基づいて最適な予測モデルを自動的に選択してくれます．Nileデータの場合，AICが最小となったARIMA(1,1,1)が最もよい予測モデルであると判断されました．またforcast()を使うことで，将来の流量の予測も行うことができます（図2.21）．

▍ 2-6-3.R

```
library(forecast)

# ARIMAモデル
# アスワンでのナイル川の流量　1871-1970.

data <-ts(Nile, start=1871)
plot(data, main="Flow of the river Nile")
# モデル選択
model <- auto.arima(data, ic="aic", stepwise=T, trace=T)
# 分析結果
summary(model)
# 予測値と信頼区間のプロット（20時点）
plot(forecast(model, level = c(50,95), h =20), shadecols=c("gray", ↵
  "darkgray"))
```

```
ARIMA(2,1,2) with drift           : Inf
ARIMA(0,1,0) with drift           : 1298.645
ARIMA(1,1,0) with drift           : 1283.346
ARIMA(0,1,1) with drift           : 1270.309
ARIMA(0,1,0)                      : 1296.697
ARIMA(1,1,1) with drift           : 1267.637
```

```
ARIMA(2,1,1) with drift          : 1269.132
ARIMA(1,1,2) with drift          : 1269.134
ARIMA(0,1,2) with drift          : 1268.544
ARIMA(2,1,0) with drift          : 1279.282
ARIMA(1,1,1)                     : 1267.255
ARIMA(0,1,1)                     : 1269.091
ARIMA(1,1,0)                     : 1281.48
ARIMA(2,1,1)                     : 1268.896
ARIMA(1,1,2)                     : 1268.923
ARIMA(0,1,2)                     : 1267.957
ARIMA(2,1,0)                     : 1277.484
ARIMA(2,1,2)                     : Inf


Best model: ARIMA(1,1,1)
```

summary()でさまざまな統計量を見ることができます.

```
Series: data
ARIMA(1,1,1)

Coefficients:
         ar1       ma1
      0.2544   -0.8741
s.e.  0.1194    0.0605


sigma^2 estimated as 20177:  log likelihood=-630.63
AIC=1267.25   AICc=1267.51   BIC=1275.04


Training set error measures:
                    ME      RMSE      MAE       MPE      MAPE      MASE
Training set -16.06603 139.8986 109.9998 -4.005967 12.78745 0.825499
                  ACF1
Training set -0.03228482
```

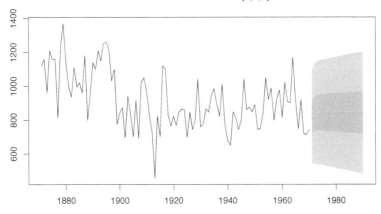

**Forecasts from ARIMA(1,1,1)**

図2.21 ARIMA(1,1,1)モデルで予測したナイル川の流量予測(20年分の予測値(青線)と信頼区間)

また,さまざまな介入操作の影響を分析する場合,ARIMAモデルに外生変数(外的な要因に対応する変数)を加えた**ARIMAXモデル**(ARIMA model with exogenous variables)が有効です.ナイル川にアスワンダムが完成したのは1902年なので,ダムの有無(ダムなし:0,ダムあり:1)を外生変数として考慮に入れて分析してみます.結果から,ダムの完成によって毎年おおよそ221億立方メートルの流量が減少したことがわかります.

▌2-6-3.R つづき

```
# ARIMAXモデル
# 外生変数（ダムなし：1871-1901（31年間），ダムあり：1902-1970（69年間）
x <- ts(c(rep(0,31), rep(1,69)))
# モデル選択(xregに外生変数を入れる)
modelx <- auto.arima(data, xreg=x, ic="aic", stepwise=T, trace=T)
summary(modelx)
```

```
ARIMA(2,0,2) with non-zero mean : 1266.94
ARIMA(0,0,0) with non-zero mean : 1269.119
ARIMA(1,0,0) with non-zero mean : 1265.651
```

```
ARIMA(0,0,1) with non-zero mean : 1265.962
ARIMA(0,0,0) with zero mean    : 1570.992
ARIMA(2,0,0) with non-zero mean : 1267.647
ARIMA(1,0,1) with non-zero mean : 1267.649
ARIMA(2,0,1) with non-zero mean : Inf
ARIMA(1,0,0) with zero mean    : 1315.596


Best model: Regression with ARIMA(1,0,0) errors
```

今回は ARIMA(1,0,0) が選択されました．このモデルに基づき，仮に1971年以降に突然ダムが消滅したとして流量を予測してみましょう．流量が大きく回復すると予測できます (図2.22)．

▌2-6-3.R つづき

```
# ダムが取り壊された場合の将来予測
x_pred <- rep(0, 20) # ダムが取り壊されたと考える（20年分）
plot(forecast(modelx, level = c(50,95), h = 20, xreg = x_pred),
     shadecols=c("gray", "darkgray"))
```

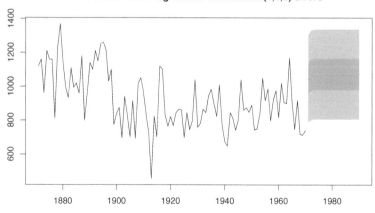

**Forecasts from Regression with ARIMA(1,0,0) errors**

図2.22　ARIMAX(1,0,0) モデルで予測したナイル川の流量 (1971年にアスワンダムが消滅した場合の流量予測値 (青線) と信頼区間)

## 2.7 点過程データの扱い方

**点過程**（point process）データとは，たとえばサーバへのアクセス，神経細胞の発火など，不規則に発生するイベントの発生時刻のような情報からなる時系列データを指します．このようなデータはどのように扱えばいいのでしょうか．

図2.23のように区間を分割して$n$区間にするとします．各区間では一定の確率$p$でイベントが生起すると考えると，全体でイベントが$k$回生じる確率$P(k)$は二項分布$P(k) = {}_nC_k p^k (1-p)^{n-k}$に従い，期待値は$np$になります．$np = \lambda$と置き，$n$を非常に大きく，それに合わせて$p$を非常に小さくしていくと，確率$P(k)$は以下のような**ポアソン分布**（Poisson distribution）に従います．

$$P(k) = \frac{\lambda^k e^{-\lambda}}{k!} \ , \ k = 0, 1, 2, \cdots$$

ポアソン分布は，$n$が大きく生起確率$p$が小さい，稀にしか生じない現象の生起回数の分布です．一般に，$p < 0.1$かつ$np < 5$なら二項分布はポアソン分布で近似できます．ポアソン分布は交通事故による毎日の死亡者数や，一定時間に来店する客数，サーバへのアクセス回数のモデル化に使われます．

点過程データを扱う場合，イベントが生じた時刻をそのまま用いず，あ

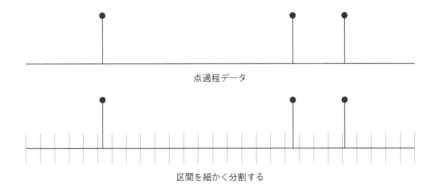

点過程データ

区間を細かく分割する

図2.23　点過程データと時系列データの関係

る程度の長さの区間に分割し，各区間でのイベントの発生回数をカウント
します．そして，その回数がポアソン分布に従うと考えるのが一般的です．
観測値がポアソン分布に従うと考えられる場合は，glm() の場合，引数の分
布族（family）を family=poisson(link="log") と指定してください（第3章
参照）．Stan の場合には，model セクションで観測値 Y がポアソン分布に従
う（Y ~ poisson(lambda);）と指定してください（第4章参照）．

　ただし，たとえば地震のように，一度イベントが発生すると続けざまに
イベントが発生するような現象では，各区間でのイベント生起確率 $p$ が
一定の確率にはなりません．このような複雑な現象を扱うときには，
**Hawkes過程**という考え方を使います．点過程データの分析は時系列分析
とは大きく異なるため，本書では割愛します．

# 3 | 時系列の回帰分析

## 3.1 時系列回帰分析の大まかな流れ

　心理学的な仮説を検証する際には，時系列データが従属変数となっている回帰分析がしばしば用いられます．しかし，時系列データは前後のデータ同士になんらかの関係があることが多いため，通常の回帰分析を適用すると誤った結論を導いてしまいます．ここでは，時系列データ特有の概念である**定常性**（stationarity），**単位根**（unit root），**系列相関**（serial correlation）について説明したあと，時系列データの回帰分析の具体的な手続きを 3 つ紹介します．まず1つは，**時系列データ同士の回帰分析**です．次に，条件間で時間に伴う変化に違いがあるか否かを検討する**パネルデータのマルチレベル分析**を解説します．さらに，**中断時系列分析**と呼ばれる介入効果の評価方法について説明します．

　将来の予測が研究の主目的でないのであれば（つまり，記述や説明が研究の主目的であるならば），時系列データの回帰分析は大まかに図 3.1 のような流れで行われます．

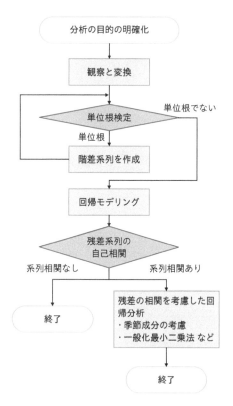

図3.1　時系列データの回帰分析の大まかな流れ

## 3.2　定常過程と単位根

時点 $t$ の確率変数 $y_t$ の系列全体 $\{y_t\}$ を**確率過程**（stochastic process）といいます．確率過程にはさまざまなものがありますが，時点によって平均などの確率分布が変化しない確率過程を**定常過程**（stationary process）といいます．$Y = \{y_t : t \in \mathbb{Z}\} = \{\ldots, y_{-1}, y_0, y_1, \ldots\}$ として，（弱）定常過程は任意の $t$ と $h$ に対して以下を満たす過程です．

$$E(y_t) = \mu \qquad （平均\mu が一定）$$
$$V(y_t) = \sigma^2 \qquad （分散\sigma^2 が一定）$$

$$Cov(y_t, y_{t+h}) = \gamma_{|h|} \quad （自己共分散 \gamma が t に依存せず，ラグ h によってのみ定まる）$$

定常過程とは，感覚的にいえば「遠目に見ればだいたい平らになっている時系列」です．ARMA モデルなどの多くの時系列分析手法は，データが定常過程に従っていることを前提としています．しかし，実際の時系列データの中には定常にならないものも多いです．たとえば以下のようなものがあります．

1. 確定的なトレンドがあり，単調増加している成分が含まれている
2. 季節成分が含まれている
3. 分散が時間とともに変化している
4. 途中でレジームが離散的に変化している
5. 単位根過程である

**1.** や **2.** の場合は，トレンドや季節成分をモデルに投入することで解決できます．**3.** の場合は，対数変換などの適切な変換を行えば解決することもあります．**4.** は 4.4 節で取り上げます．ここでは，**5.** 単位根過程である場合について注意点や対策を述べます．

## ～ 3.2.1 単位根過程

**単位根過程**（unit root process）とは，$y_t$ が非定常過程で，1 階差分系列 $\Delta y_t = y_t - y_{t-1}$ が定常過程に従う過程です．一次和分過程 $I(1)$ と呼ばれることもあります（差分の逆で**和分**）．単位根過程であることを，**単位根を持つ**と表現することもあります．

単位根過程は平均も分散も時間とともに変化していくため，統計的な分析は容易ではありません．たとえば，単位根過程の変数をそれとは独立の単位根過程の変数に回帰すると，ほぼ確実に有意な関係が表れ，回帰の説明力が高いようにみえる**見せかけの回帰**（spurious regression）と呼ばれる現象が起きます．これは，時系列データで回帰をするときに最も気をつけるべき問題の一つです．時系列データが定常過程かを調べずに回帰分析に投入することは危険です．

最もよく知られた単位根過程はランダムウォークです．ランダムウォークの1階階差は，以下のようにホワイトノイズになります（図3.2）．

$$y_t = y_{t-1} + \varepsilon_t,\ \varepsilon_t \sim \mathcal{N}(0,1)\quad \text{（ランダムウォークの例）}$$
$$\Delta y_t = \varepsilon_t \sim \mathcal{N}(0,1)\quad \text{（ホワイトノイズ）}$$

▌3-2-1.R

```
y <- cumsum(rnorm(100))  # ランダムウォーク
dy <- diff(y)  # ランダムウォークの1階差分
par(mfrow = c(1,2))
ts.plot(y, main="random walk")
ts.plot(dy, main="white noise")
```

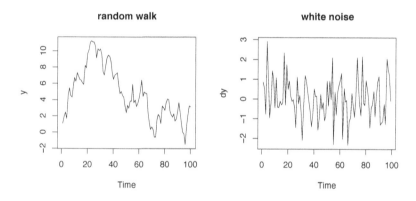

図3.2　ランダムウォーク（単位根過程）とホワイトノイズ（定常過程）．一見しただけでは，ランダムウォークが非定常かどうかはわかりません．

　ランダムウォーク同士で回帰分析してみると，乱数で生成したにもかかわらず，十中八九「有意」になります．試しに，ランダムウォーク同士を単純に回帰分析にかけている以下のコードを何度か実行してみてください．毎回違ったランダムウォークが生成されますが，独立変数 x の有意確率は多くの場合 0.05 を下回るでしょう．このため，時系列データでなにも考えずに回帰分析を実行することは危険なのです．

```
# 見せかけの回帰（何度か実行すると全く異なった回帰係数が得られるこ ⮐
とがわかります）
x <- cumsum(rnorm(100))   # ランダムウォーク
y <- cumsum(rnorm(100))   # ランダムウォーク
summary(lm(y~x))   # 最小二乗法による回帰
```

```
Call:
lm(formula = y ~ x)

Coefficients:
            Estimate Std. Error t value Pr(>|t|)
(Intercept)  -3.7477     0.4136  -9.062 1.31e-14 ***
x             0.3970     0.1231   3.224  0.00172 **
---
Signif. codes:  0 '***' 0.001 '**' 0.01 '*' 0.05 '.' 0.1 ' ' 1
```

## 3.2.2 単位根過程の検定

　ある過程が単位根過程であるかどうかを検定するにはいくつかの方法があり、なかでもディッキー - フラー検定、ADF検定、フィリップス - ペロン検定、KPSS検定がよく知られています。

　**ディッキー - フラー検定**（Dickey-Fuller test）は、まず、単位根を持つかどうかを調べたい時系列データの真のモデルを、以下の式のように係数 $\rho$ の AR(1) であると仮定します。

$$y_t = \rho \, y_{t-1} + \varepsilon_t$$

そのうえで、帰無仮説 $H_0 : \rho = 1$、対立仮説 $H_1 : \rho < 1$ として検定を行うものです。帰無仮説 $H_0$ はいわゆるランダムウォークです。「単位根あり」が帰無仮説 $H_0$ なので、帰無仮説が棄却された場合は、対立仮説 $H_1$「単位根なし」が支持されます。

　ディッキー - フラー検定には次の3種類があります。$\Delta y_t = y_t - y_{t-1}$ と

すると，

$$\Delta y_t = (\rho - 1)\, y_{t-1} + \varepsilon_t \quad (\text{none モデル：期待値 0 でトレンドがない})$$
$$\Delta y_t = \beta_0 + (\rho - 1)\, y_{t-1} + \varepsilon_t \quad (\text{drift モデル：定数項 } \beta_0 \text{ がありトレンドがない})$$
$$\Delta y_t = \beta_0 + \beta_1 t + (\rho - 1)\, y_{t-1} + \varepsilon_t \quad (\text{trend モデル：定数項 } \beta_0 \text{ とトレンド } \beta_1 t \text{ がある})$$

この 3 つの中から，データの性質を考慮して適切なモデルを選択する必要がありますが，まずは最も仮定が緩い trend モデルから検定を行うことが多いです．

ディッキー - フラー検定の AR(1) モデルを AR($p$) モデルに拡張したものが **ADF 検定**（augmented Dickey-Fuller test; **拡張ディッキー - フラー検定**）です．AR モデルの適切なラグ次数 $p$ がわからない場合には，AIC（赤池情報量規準），BIC（ベイズ情報量規準）などに基づいてラグ次数の選択を行います．ここでは，{CADFtest} パッケージの CADFtest() 関数と，{forecast} パッケージの ndiffs() 関数を紹介します．

まず，ランダムウォークの系列に対して CADFtest() で単位根検定を行います．trend モデルを選択し，ラグ次数 $p$ は AIC で決定するとします．

▌ 3-2-2.R

```
library(CADFtest)
set.seed(1234)
# ランダムウォークする時系列データを作成します
y <- cumsum(rnorm(200))

# ADF検定
CADFtest(y,
         type='trend',   # 定数項もトレンド項もある
         max.lag.y=5,     # ラグの最大次数を指定
         criterion='AIC'  # ラグ次数はAIC規準で選ぶ
)
```

以下は次数を指定しなかったときのADF検定の結果です．ラグ次数には1が選択されています．p値は0.05を上回っており（p-value = 0.3551），帰無仮説$H_0$「単位根あり」は棄却されませんでした．

```
        ADF test
data: y
ADF(1) = -2.4454, p-value = 0.3551
alternative hypothesis: true delta is less than 0
sample estimates:
        delta
-0.03109597
```

　そこでさらに，yの差分系列diff(y)に対してADF検定を行います．1階差分系列では帰無仮説$H_0$「単位根あり」が棄却されました．これをもってこの1階差分系列を定常過程だと言い切ることはできませんが，少なくとも単位根過程ではないことがわかりました．

▌3-2-2.R つづき

```
# ADF 検定
CADFtest(diff(y),       # 1階差分系列
         type='trend',    # トレンド項も定数項もあり
         max.lag.y=5,     # ラグの最大次数を指示
         criterion='AIC'  # ラグ次数はAIC基準で選ぶ
)
```

```
        ADF test
data: diff(y)
ADF(0) = -12.001, p-value < 2.2e-16
alternative hypothesis: true delta is less than 0
sample estimates:
     delta
-0.8763024
```

このように，時系列データ処理ではまず「単位根なし」と判断されるまで繰り返し差分系列をとって単位根検定を行う作業が求められます．しかし，{forecast}パッケージの`ndiffs()`を使うと，何回差分をとればいいかをコマンド一つで求めることができます．

▌ 3-2-2.R つづき

```
library(forecast)
ndiffs(y)
```

# 3.3 系列相関

## ∿ 3.3.1 系列相関の基本

　時系列データで最も悩ましい問題の一つは**系列相関**（serial correlation）です．多くの推測統計手法では，確率変数は**独立同分布**（independent and identically distributed; **i.i.d.**）に従うと仮定しています．つまり，観測値がどのような値になるかは前後の観測値の影響を受けないということを前提にしています．しかし，人を対象とした時系列データはそうはいきません．たいてい，ある時点 $t$ での観測値はそれ以前の状態に依存します．

　たとえば，感情状態はしばらく持続します（ただし酒を飲めば持続しにくいそうです[3-1]．また，ある日のジョブストレスレベルは前日のストレスレベルと負の相関があったりします[3-2]）．心理学で扱う時系列データでは，昨日のデータと今日のデータがまったく独立だと考えることは難しく，昨日と今日の結果はある程度似通ったものになります．

　ここで，真のモデルが以下のような回帰式に従う現象を考えてみます．この式は，右辺には1時点前の自分自身の値 $y_{t-1}$ が入っているので，必然的に観測値 $y_t$ は前後の観測値と相関を示します．ここで $\varepsilon_t$ は誤差です．

$$y_t = \beta_0 + \beta_1 x_t + \gamma\, y_{t-1} + \varepsilon_t$$

この観測値 $y_t$ を，$\gamma y_{t-1}$ を考慮に入れずに以下のような一般的な線形回帰モデルで分析したとします．すると，結果的に隣り合った時点の残差 $u$ 同

士は高い相関を示すことになります.

$$y_t = \beta_0 + \beta_1 x_t + u_t$$

このような残差の間の自己相関が系列相関です. 回帰分析を行った際に, 残差 $u$ に系列相関があるといろいろと問題が生じます.「普通の最小二乗法」を使った回帰分析は **OLS** (ordinary least squares) と呼ばれますが, この OLS はいくつかの仮定を満たさなければ, 最小二乗推定量が**最良線形不偏推定量** (best linear unbiased estimator; **BLUE**) にならないことが知られています. その仮定の中の一つが, 残差の共分散が0であることです.

$$Cov\,(u_t, u_s \mid X) = 0 \ (t \neq s, \ X は独立変数)$$

したがって, 残差に系列相関があるといえる場合には, そのまま OLS (一般的な回帰分析) を行うことはできません. OLS を実行してよかったのか駄目だったのか, 残差の系列相関の有無を見て調べてみる必要がありそうです.

### 〰 3.3.2 ダービン-ワトソン検定

**ダービン-ワトソン検定** (Durbin-Watson test) は, 残差 $u$ に系列相関があるかどうかを検定する代表的な方法です. たとえば, 以下のような回帰モデルで分析したとき, 隣接する残差同士の関係式について帰無仮説 $H_0 : \rho = 0$, 対立仮説 $H_1 : \rho \neq 0$ とした検定を行います. もし $\rho = 0$ であれば, 残差 $u$ の系列相関は0です.

$$y_t = \beta_0 + \beta\, X_t + u_t$$
$$u_t = \rho\, u_{t-1} + \varepsilon_t$$

系列相関の有無を検討する指標が**ダービン-ワトソン比** (Durbin-Watson ratio; **DW**) です. ダービン-ワトソン比は0から4の値をとり, $DW = 2$ であれば系列相関はありません. 0に近いほど系列相関の存在が疑われま

す．4に近い場合は負の系列相関，つまり残差が振り子の振動のように変化したときですが，実際にはそのようなデータはあまり見かけることはありません．

$$DW = \frac{\sum_{t=2}^{T} (u_t - u_{t-1})^2}{\sum_{t=1}^{T} u_t^2}$$

以下では，ランダムなAR(1)過程の時系列データ（つまり系列相関のある時系列データ）を作成して，ダービン-ワトソン検定を行ってみました．その結果，DW比は0.26とかなり小さい値でした．帰無仮説は棄却され，有意な系列相関があることがわかります．

▌3-3-2.R

```
library(lmtest)
# AR(1)過程のシミュレーション
AR1_model <- list(order = c(1, 0, 0), ar = 0.9)
AR1_sm <- arima.sim(n = 100, model = AR1_model, sd = 1)
fit <- lm(AR1_sm ~1)
# ダービン-ワトソン検定
dwtest(fit)
```

```
	Durbin-Watson test
data:  fit
DW = 0.26106, p-value < 2.2e-16
alternative hypothesis: true autocorrelation is greater than 0
```

## 〜 3.3.3 一般化最小二乗法

残差系列に系列相関があった場合，残差の相関の構造を明示的に与えたうえで回帰分析を行う**一般化最小二乗法**（generalized least squares; **GLS**）という方法を用いることがあります（Prais-Winsten法とも呼ばれます）．GLS は，残差の分散共分散行列が特定のパターンを持っていると仮定したうえで，パラメータの推定を行う方法です．

{nlme}パッケージのgls()関数では，残差の分散共分散行列をcorrelationパラメータで指定してGLSを行うことができます．以下の例で用いたcorAR1（AR(1)モデル）だけでなく，さまざまな構造を指定することができます．

ここでは，時間を独立変数$x$，AR(1)に従う時系列データを従属変数$y$として回帰分析を行います．まずは通常の回帰分析（OLS）を行ってみます．残差には強い系列相関があり，その結果，ダービン-ワトソン比は小さく（0.4419），ダービン-ワトソン検定の結果も有意なので（系列相関がないとはいえない），系列相関を考慮した分析を行う必要があることがわかります（図3.3）．

▌3-3-3.R

```
library(lmtest)
library(nlme)

set.seed(1234)
n=50 # 50時点のデータを作成します
x <- seq(50)

# AR(1)過程のシミュレーション
AR1_model <- list(order = c(1, 0, 0), ar = 0.9)
AR1_sm <- arima.sim(n = n, model = AR1_model, sd = 1)
ts.plot(AR1_sm)

# 普通にOLSで回帰分析を行います
fit.lm <- lm(AR1_sm ~ x)
# 残差の自己相関
acf(fit.lm$residuals)
# ダービン-ワトソン検定
dwtest(fit.lm)
```

```
        Durbin-Watson test
data:  fit.glm
```

```
DW = 0.41419, p-value = 1.775e-13
alternative hypothesis: true autocorrelation is greater than 0
```

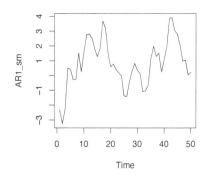
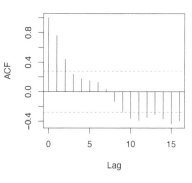

**Series fit.lm$residuals**

図3.3　AR(1)に従うランダムな時系列（左）を従属変数，時間を独立変数とした回帰を行った際の残差の自己相関関数（右）．残差に大きな系列相関があります．

　次に，一般化最小二乗法（GLS）で分析します．ここでは残差がAR(1)になるという分散共分散構造を選択して実行しました．出力結果のParameter estimate(s):欄にあるPhiは，残差に関するAR(1)モデル $u_t = \phi u_{t-1} + \varepsilon_t$ の $\phi$ の推定値です．OLSによる分析結果（summary(fit.lm)）を出力してみると，時間xの回帰係数は有意（p = 0.0473）になります．一方，以下に示すとおりGLSの出力結果（summary(fit.gls)）では有意にはなりません（p = 0.4618）．OLSでは有意確率を過小評価していたことがわかります．また，回帰直線の傾きも異なっていることがわかります（図3.4）．系列相関が現れやすいパネルデータの分析ではGLSがよく用いられています．

▌ 3-3-3.R つづき

```
# 一般化最小二乗法（GLS）で回帰分析
# correlationパラメータには残差の分散共分散行列のモデルを指定できる
# corAR1()は残差がAR(1)に従うという意味
fit.gls <- gls(AR1_sm ~ x, correlation = corAR1())
```

```
# fit.gls <- gls(AR1_sm ~ x, correlation = corAR1(0, ~1, fixed = ↵
#   )で求める

summary(fit.gls)

# OLS と GLS の回帰直線の違いを見る

plot(x, AR1_sm, pch=20)
lines(x, predict(fit.lm), col=1, lty=1)
lines(x, predict(fit.gls), col=2, lty=1)
legend("topleft", legend=c("DATA","OLS", "GLS"), col=c(1,1,2),pch= ↵
c(20,NA,NA),lty=c(0,1,1))
```

---

```
Generalized least squares fit by REML
  Model: AR1_sm ~ x
  Data: NULL
        AIC      BIC    logLik
  147.1331 154.6179 -69.56656

Correlation Structure: AR(1)
 Formula: ~1
 Parameter estimate(s):
      Phi
0.8937566

Coefficients:
                Value Std.Error     t-value p-value
(Intercept) -0.7284543 1.8414575 -0.3955857 0.6942
x            0.0428709 0.0577929  0.7418023  0.4618
 Correlation:
  (Intr)
x -0.8

Standardized residuals:
       Min         Q1        Med         Q3        Max
-1.2179507 -0.2042175 0.1800353  0.7233767  1.7278467
```

```
Residual standard error: 2.137868
Degrees of freedom: 50 total; 48 residual
```

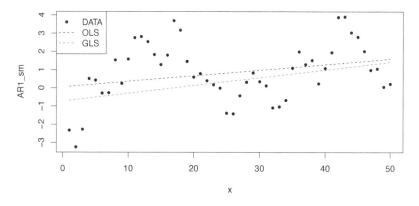

図 3.4　OLS と GLS による回帰直線の違い

# 3.4　データの観察と変換

　時系列データに限りませんが，まずデータが得られたときには，ヒスト
グラムを作成するなどしてそのデータをよく観察する必要があります．特
に，時系列データを見る際には気をつけるべきポイントがあります．新型
コロナウイルス感染者数のデータをもとに，データを見る際のポイントを
確認していきましょう．

- トレンドはあるのか？　あるとすればそのトレンド自体は変化している
  か？
- 季節成分はあるのか？　その周期はいくらか？
- 分散は調査期間を通して均一か？
- 客観的に説明が可能な外的要因 (外生変数) の影響はありそうか？

# 〽 3.4.1 図示

　まずは，なにはともあれプロットをしてデータを見ることが大切です．図3.5は，日本国内の新型コロナウイルスの感染者数（2020年1月22日〜2021年9月1日）を表したものです．1年半あまりの間に5度の波が来ていることがわかります．また，波の大きさは同じではなく，感染拡大のたびに大きくなっていることがわかります．さらに第1波のころと比べると，第2波，第3波は変動の幅（分散）も大きくなっていることがわかります．このように，時系列データをプロットすることで時系列データのさまざまな特徴を把握することができました．

▌3-4-1.R

```
# データの観察と変換
library(coronavirus)
library(dplyr)
library(tseries)
library(CADFtest)

# 図示
data(coronavirus)
covid.Ja <- coronavirus %>%
  filter(type == "confirmed") %>%
  filter(date <= as.Date("2021/09/01")) %>%
  filter(country == "Japan")

# 描画
plot(covid.Ja$date,covid.Ja$cases,type="l",xlab="Day",ylab="Cases" ↩
,xaxt ="n")
axis.Date(1,at=covid.Ja$date[as.numeric(covid.Ja$date) %% 14 == 0 ↩
],format="%y/%m")
```

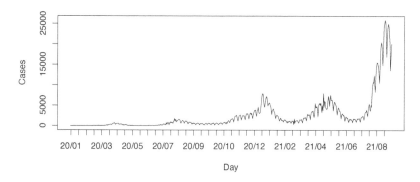

図 3.5　日本国内の新型コロナウイルスの感染者数 (2020 年 1 月 22 日〜 2021 年 9 月 1 日)

## 3.4.2　対数変換

　分散が途中で変化することは，さまざまな統計的分析の前提に反してしまうことになりますが，このような場合には対数変換をすると分散が比較的安定することがあります．新型コロナウイルスの感染者数を片対数グラフ（一方の軸が対数スケールになったグラフ）にすると，グラフの上での変動幅はほぼ一貫しています（図3.6（左））．ただ，2020年1月に欠損値が現れ，線が途切れています．感染者数が0のために対数変換後の値が−∞になってしまったためです．そこで，感染者が0にならない2020年2月10日以降のデータを抜き出してプロットします（図3.6（右））．これでさまざまな分析を行う準備ができました．

▌3-4-1.R つづき

```
# 片対数グラフをプロット
plot(covid.Ja$date,covid.Ja$cases,log="y",
     type="l",xlab="Day",ylab="Cases",xaxt ="n")
axis.Date(1,at=covid.Ja$date[as.numeric(covid.Ja$date) %% 14 == 0 ↵
],format="%y/%m")

# 2020年2月10日以降のデータのみを取り出し片対数グラフでプロット
covid.Ja.nn<- covid.Ja %>% filter(date >= as.Date("2020/02/10"))
```

```
plot(covid.Ja.nn$date,covid.Ja.nn$cases,
    log="y",type="l",xlab="Day",ylab="Cases",xaxt ="n")
axis.Date(1,at=covid.Ja.nn$date[as.numeric(covid.Ja.nn$date) %% 14 ↵
 == 0 ],format="%y/%m")
```

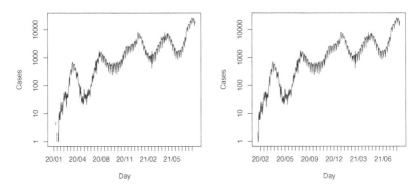

図3.6　新型コロナウイルスの感染者数の片対数グラフ（左）と患者数0となる区間を除外した
2020年2月10日以降のデータの片対数グラフ（右）

## ∿ 3.4.3 単位根検定

　2020年2月10日以降の感染者数を対数変換し，その値logcasesが単位
根過程かどうか確認するため，ADF検定を行います．その結果，「単位根を
持つ」という帰無仮説$H_0$は棄却されませんでした．さらに1階差分系列を
とると帰無仮説$H_0$は棄却されました．ここから，対数変換後の感染者数
の1階差分系列を分析に用いるとよいことがわかります（図3.7）．

▌3-4-1 R つづき

```
# 対数変換

logcases <- log(covid.Ja.nn$cases)


# ADF検定

CADFtest(logcases,
        type='trend',    # カットオフ点も定数項あり
```

```
        max.lag.y=5,   # ラグの最大次数を指定
        criterion='AIC'  # ラグ次数はAIC規準で選ぶ
)
```

```
        ADF test
data: logcases
ADF(5) = -2.6862, p-value = 0.2427
alternative hypothesis: true delta is less than 0
sample estimates:
      delta
-0.03670463
```

▌3-4-1.R つづき

```
# 差分系列のADF検定
CADFtest(diff(logcases),
        type='trend',   # トレンド項も定数項もあり
        max.lag.y=5,   # ラグの最大次数を指定
        criterion='AIC'  # ラグ次数はAIC規準で選ぶ
)
```

```
        ADF test
data: diff(logcases)
ADF(5) = -16.329, p-value < 2.2e-16
alternative hypothesis: true delta is less than 0
sample estimates:
    delta
-2.649853
```

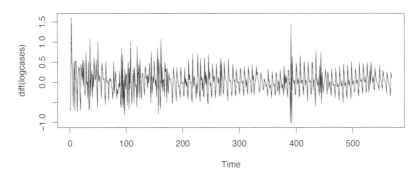

図3.7　対数変換後の感染者数の1階差分系列

## 〽️ 3.4.4 季節調整

新型コロナウイルスの新規感染者数は日曜日，月曜日に少ない傾向があ
ります．そのため，感染者数の1階差分系列にも周期7日の季節成分が含
まれています．そこで，2.5節で紹介したstl()関数を使って時系列を分解
し，季節成分を除去することで季節調整を行います．季節調整はあくまで
もデータを観察するために行うものです．実際に分析を行う際は，季節調
整したデータを分析することはせず，次節で紹介するように季節成分をモ
デルに組み込んで分析してください．図3.8（上）には，図3.7のデータと
それを分解した要素（季節成分，トレンド成分，残差）が並んでいます．こ
のうちトレンドと残差を足したものが季節調整後のデータ（図3.8（下））に
なります．

▌3-4-1.R つづき

```
# 季節調整
# 季節成分とトレンドそれ以外に分解する
logcases.diff.stl<-stl(ts(diff(logcases), frequency=7),s.window="p ↩
eriodic")
plot(logcases.diff.stl)

# 季節調整後のデータ
```

```
logcases.diff.ex_season <-logcases.diff.stl$time.series[,2]+logcas ↵
es.diff.stl$time.series[,3]
plot(logcases.diff.ex_season)
```

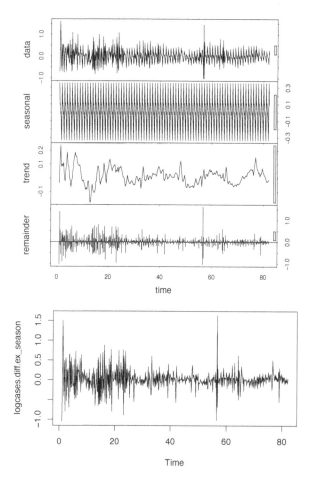

図3.8 時系列の分解（上）と季節調整済み対数差分系列データ（下）

## 3.4.5 分析アプローチの選択

時系列データの観察が終わり，データの特性を把握したら，次は分析の

目的に応じて分析方法を選びます．回帰分析に基礎を置く時系列分析が利用される場面は，大きく分けると以下のようになるのではないでしょうか．

- **条件間で時系列データを比較する．時間経過との関係を調べる**
  パネル分析，潜在成長曲線モデル
- **臨床的介入などの効果を検証する**
  中断時系列分析
- **時系列変数間の影響関係や相互影響関係を検証する**
  一般化最小二乗法 (GLS) 回帰，ベクトル自己回帰 (VAR) モデル (交差遅延モデル)，グレンジャー因果，直交化インパルス応答
- **時系列データの分節化をする**
  変化点検出，隠れマルコフモデル
- **上記を組み合わせたモデルなど，さらに複雑なモデルで分析する**
  状態空間モデル

分析方法の選択の際に気をつけてほしいのが，欠損値の扱い方です．昔ながらの ARIMA 法や反復測定分散分析などは，欠損値があると基本的には分析できません (ただし補間法が提案されています)．しかし，経験サンプリング (ESM) などの方法でデータを収集している限り，欠損値の問題は必ずついて回ります．時系列データの多くは収集に手間がかかるため，欠損値のためにデータを捨ててしまうのももったいない話です．欠損値がある場合でも安易に補間せず，状態空間モデルなど欠測があっても推定をできる手法を採用してください．

## 3.5 時系列同士の回帰分析

ここまで述べてきた非定常の時系列の問題，系列相関の問題を考慮して，実際に回帰分析を行ってみます．{MARSS} パッケージに収録された Lake Washington データセットには，シアトル近郊にあるワシントン湖の，32年分の 13 種のプランクトンの量およびプランクトンの成長に必要な水温 (Temp)，総リン (TP)，pH のデータが収録されています．ここでは水温 (Temp) を独立変数，ミジンコ (Cyclops) の量を従属変数として，次のモデルで単回帰分析をしてみましょう．

$$\text{Cyclops} = \beta_0 + \beta_1 \text{Temp} + u_t$$

まずはプロットしてデータをよく観察します．強い季節成分があるようですが，分散や平均が大きく変化することはなさそうです（図 3.9）．

3-5.R

```
library(MARSS)
library(tseries)
library(tsModel)
library(lmtest)
library(nlme)
library(CADFtest)
library(ggplot2)

# データセットの読み込み
data(lakeWAplankton)
plankdf <- as.data.frame(lakeWAplanktonTrans)

# 1980年から1990年までのデータを抜き出す
plankdf <-subset(plankdf, 1980<=Year & Year <=1990)

# 日付をPOSIXct型にする
plankdf$Time <- as.POSIXct(paste(plankdf$Year,plankdf$Month,1),for ⏎
mat="%Y %m %d")

# 描画
g1 <- ggplot(plankdf, aes(x = Time, y = Cyclops))+ geom_line()
plot(g1)
g2 <- ggplot(plankdf, aes(x = Time, y = Temp))+ geom_line()
plot(g2)
```

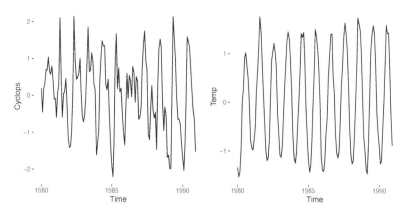

図3.9　ミジンコ個体数の対数（Cyclops）と水温（Temp）

　また，以下のADF検定の結果は，水温，ミジンコ数ともに単位根過程ではないことを示していますので，そのまま分析を進めます．

▌3-5.R つづき

```
# ADF検定（帰無仮説：単位根を持つ）
CADFtest(plankdf$Temp, type='trend', max.lag.y=4, criterion='AIC')
CADFtest(plankdf$Cyclops, type='trend', max.lag.y=4, criterion='AIC')
```

```
        ADF test
data:  plankdf$Temp
ADF(4) = -10.782, p-value = 6.338e-15
alternative hypothesis: true delta is less than 0
sample estimates:
    delta
-0.7697244


        ADF test
data:  plankdf$Cyclops
ADF(3) = -6.9958, p-value = 8.368e-08
alternative hypothesis: true delta is less than 0
```

```
sample estimates:
    delta
-0.646027
```

　まず，単純に回帰分析をして残差の自己相関関数を見てみます．図3.10
を見ると，やはり強い12時点の周期を持つ季節成分が残差に含まれており，
このままではOLSを適用できないことがわかります．

▌3-5.R つづき

```
# 季節成分を考慮しないOLS回帰
fit1 <- lm(Cyclops ~ Temp, plankdf )
summary(fit1)
acf(fit1$residuals)
```

```
Call:
lm(formula = Cyclops ~ Temp, data = plankdf)

Residuals:
     Min       1Q   Median       3Q      Max
-1.86864 -0.71547  0.04696  0.54389  2.10421

Coefficients:
            Estimate Std. Error t value Pr(>|t|)
(Intercept)  0.01941    0.07695   0.252    0.801
Temp         0.45995    0.07700   5.974 2.09e-08 ***
---
Signif. codes:  0 '***' 0.001 '**' 0.01 '*' 0.05 '.' 0.1 ' ' 1

Residual standard error: 0.8828 on 130 degrees of freedom
Multiple R-squared:  0.2154,    Adjusted R-squared:  0.2093
F-statistic: 35.68 on 1 and 130 DF,  p-value: 2.087e-08
```

※ Tempの行に書かれている *** は温度（Temp）の効果のp値が0.001以下である
　ことを示しています．

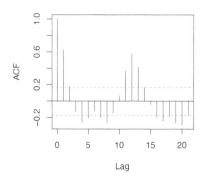

**Series fit1$residuals**

図3.10 ミジンコ数〜水温の回帰分析の残差の自己相関関数．月次データなので12点周期の季節
成分があります．

　そこで，季節成分をモデルに入れて回帰分析を行います．この季節成分
は12時点（12ヵ月）の周期を持つため，そのまま月ごとの季節成分をパラ
メータとして設定した場合，季節成分の周期より1つ少ない11個の変数が
必要になります．一方，**フーリエ級数展開**（Fourier series expansion）とい
う方法を用いることで，より少数のパラメータで季節成分を表現すること
ができます．フーリエ級数展開は，周期的な成分をいくつかの三角関数の
合成によって表現する方法です．

$$\sin(\theta), \cos(\theta), \sin(2\theta), \cos(2\theta), \ldots, \cos(N\theta)$$
$$\left(ただし \theta = \left(経過月数/12\right) \times 2\pi\right)$$

それぞれに係数 $a_n, b_n$ で重みづけて合成することで，12時点周期の季節成
分を表現します．

$$季節成分 = \sum_{n=1}^{N} \left\{ a_n \cos\left(n\theta\right) + b_n \sin\left(n\theta\right) \right\} \left(ただし N は調和数\right)$$

今回は $N = 2$ と設定します（第2調和まで検討します）．そうすると，パラ
メータは $a_1, b_1, a_2, b_2$ の計4つで済みます．この係数 $a_n, b_n$ を harmonic() 
項として入れてOLSを実行します．その結果，残差の季節成分はおおむね

消えました (図3.11).

▎3-5.R つづき

```
# 季節成分を考慮したOLS回帰
fit2 <- lm(Cyclops ~ Temp+ harmonic(Month,2,12), plankdf )
summary(fit2)
acf(fit2$residuals)
```

```
Call:
lm(formula = Cyclops ~ Temp + harmonic(Month, 2, 12), data = plankdf,
    family = gaussian)

Residuals:
    Min      1Q   Median      3Q      Max
-1.47464 -0.44781  0.09316  0.45919  1.69959

Coefficients:
                        Estimate Std. Error t value Pr(>|t|)
(Intercept)              0.01645    0.05812   0.283  0.77756
Temp                     0.51676    0.29170   1.772  0.07889 .
harmonic(Month, 2, 12)1  0.42655    0.35861   1.189  0.23650
harmonic(Month, 2, 12)2 -0.41653    0.07982  -5.219 7.21e-07 ***
harmonic(Month, 2, 12)3 -0.60013    0.21690  -2.767  0.00651 **
harmonic(Month, 2, 12)4  0.18107    0.07969   2.272  0.02478 *
---
Signif. codes:  0 '***' 0.001 '**' 0.01 '*' 0.05 '.' 0.1 ' ' 1

Residual standard error: 0.6446 on 126 degrees of freedom
Multiple R-squared:  0.5946,    Adjusted R-squared:  0.5785
F-statistic: 36.96 on 5 and 126 DF,  p-value: < 2.2e-16
```

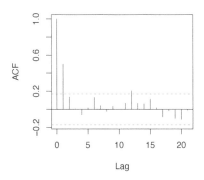

**Series fit2$residuals**

季節成分を考慮した回帰分析の残差の自己相関関数

OLS による分析の結果, 水温 (Temp) の回帰係数は 10% 水準で有意でした. しかし, 季節成分を除去したものの, ラグ 1 での系列相関は相変わらず高いため, 以下のように系列相関についてダービン - ワトソン検定で確認をします. その結果, DW 比の値は小さく, 有意な系列相関があることがわかります.

▌3-5.R つづき

```
# ダービン-ワトソン検定
dwtest(fit2)
```

```
    Durbin-Watson test
data:  fit2
DW = 0.95231, p-value = 1.687e-10
alternative hypothesis: true autocorrelation is greater than 0
```

系列相関があることから, OLS ではなく GLS で分析を行います. 残差の共分散行列の構造は AR(1) モデルで考えました. GLS による分析の結果から, 水温 (Temp) の回帰係数は 1% 水準で有意であり, 水温がミジンコの繁殖に関係している可能性が示唆されます. この分析は水温とミジンコの関係しか調べていませんが, もちろん, 実際には湖の中には複雑な生態系が

構築されているはずなので，これだけで水温がミジンコの繁殖を促すと結論づけることはできないことに注意してください．

┃ 3-5.R つづき

```
# 季節成分を考慮した GLS 回帰
fit3 <- gls(Cyclops~ Temp+ harmonic(Month,2,12),
            correlation = corAR1(),
            data=plankdf)
summary(fit3)
```

```
Generalized least squares fit by REML
  Model: Cyclops ~ Temp + harmonic(Month, 2, 12)
  Data: plankdf
      AIC      BIC    logLik
  242.506 265.1963 -113.253

Correlation Structure: AR(1)
 Formula: ~1
 Parameter estimate(s):
      Phi
0.5575261

Coefficients:
                           Value Std.Error    t-value p-value
(Intercept)             0.0088119 0.1083987  0.081292  0.9353
Temp                    0.8266350 0.2951301  2.800918  0.0059
harmonic(Month, 2, 12)1  0.7802134 0.3726165  2.093878  0.0383
harmonic(Month, 2, 12)2 -0.4399368 0.0788443 -5.579817  0.0000
harmonic(Month, 2, 12)3 -0.3712891 0.2351800 -1.578745  0.1169
harmonic(Month, 2, 12)4  0.2015934 0.0784788  2.568762  0.0114

 Correlation:
                        (Intr) Temp  h(M,2,12)1 h(M,2,12)2 h(M,2,12)3
Temp                    -0.131
```

```
harmonic(Month, 2, 12)1 -0.126   0.951
harmonic(Month, 2, 12)2  0.009 -0.108 -0.101
harmonic(Month, 2, 12)3 -0.123  0.874  0.829      -0.098
harmonic(Month, 2, 12)4 -0.023  0.102  0.095      -0.018      0.085


Standardized residuals:
        Min          Q1         Med          Q3         Max
-2.14147309 -0.72031575  0.05508506  0.67651092  2.64291373


Residual standard error: 0.6641497
Degrees of freedom: 132 total; 126 residual
```

# 3.6 潜在成長曲線モデル

　調査データを時間の観点から分類すると，**時系列データ**（time series data），**横断面データ**（cross sectional data）および**パネルデータ**（panel data）に分類できます（図3.12）．時系列データは，これまで述べてきたように一人（もしくは単一の集団）を対象に時間軸に沿って集められたデータです．横断面データは，多くの人や集団を対象に，ある特定の時点に記録されたデータのことです．パネルデータとは，時系列データと横断面データを合わせたもの，つまり，複数人を対象として複数時点にわたって継続的に記録されたデータのことです．継続的に行われる調査であっても，調査時点ごとに調査対象者が異なる場合はパネルデータとは呼びません．パネルデータには，決まった調査対象に対して継続的に反復測定されているデータであるという特徴があります．

　心理学におけるパネルデータ分析の意義は，興味のある変数（発達・臨床など）に関する経時的な変化の平均像や個人差について調べられることにあります．また，横断面データの分析だけでは個人差に影響する外的な要因を明らかにすることは困難ですが，パネルデータであれば因果関係に関するより豊かな手がかりを得ることができます．

　パネルデータの分析では，**マルチレベル分析**（multilevel analysis）が一般的に使われます．マルチレベル分析は階層的な構造を持つデータの分析

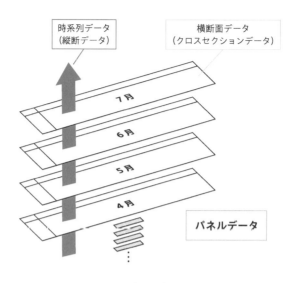

時系列データ
（縦断データ）

横断面データ
（クロスセクションデータ）

7月

6月

5月

4月

パネルデータ

図3.12　パネルデータの構造

に使われる回帰分析の一種で，**階層線形モデル**（hierarchical linear model; **HLM**），**混合効果モデル**（mixed effects model）などとも呼ばれます．一般的な回帰分析で使われる最小二乗法とは異なり，階層それぞれでの残差を同時に扱うことができるという特徴を持ちます．

　マルチレベル分析の中でも，特に時間を連続量として説明変数に用いる分析モデルは，**潜在成長曲線モデル**（latent growth curve model），あるいは単に成長曲線モデルと呼ばれます（計量経済学で使われる変量効果モデルは成長曲線モデルのうちの特殊な場合を指します）．潜在成長曲線モデルでは時間に伴った変化が扱われるので，時系列データ分析のときと同様に，定常性や系列相関に注意を払う必要があります．

　マルチレベル分析は，階層的な構造を考慮して分析を行う手法で，階層が低いほうから「レベル1」，「レベル2」……と呼ばれます．一般的なマルチレベル分析なら，レベル2が学校や地域，時代のような集団を表すグループ変数になり，レベル1には集団にネストされた個人（参加者）が割り当てられます．一方，潜在成長曲線モデルでは，普通はレベル1にある個人（参加者）はレベル2になり，各計測時点がレベル1になります．つまり，時系列データが個人にネストされていると考えるわけです（図3.13）．

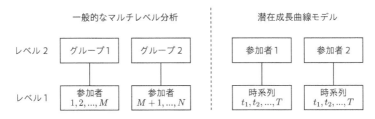

レベル2　グループ1　グループ2　　参加者1　参加者2

一般的なマルチレベル分析　　　　潜在成長曲線モデル

レベル1
参加者 $1, 2, ..., M$
参加者 $M+1, ..., N$
時系列 $t_1, t_2, ..., T$
時系列 $t_1, t_2, ..., T$

図3.13　潜在成長曲線モデルにおけるレベル

　潜在成長曲線モデルで使われるデータは表3.1の例のようになります．Body Weightデータは，異なる食物（Diet）を与えたラットの体重（Weight）を10週間にわたって測定したものです．体重だけでなく測定時点やラットのID，食物の条件がデータに含まれています（図3.14）．表3.1にその一部を示しました．このデータを例にマルチレベル分析を行ってみましょう．

▌3-6.R

```
# データセットの準備
library(nlme)
dat <-BodyWeight[BodyWeight$Diet==1|BodyWeight$Diet==2,]
dat <-dat[dat$Time != 44,] # 等間隔で記録されていないデータを除外
dat$Time <- (dat$Time-1)/7 # 週の値に変換
dat <- data.frame(dat)
```

| ID | Weight | Time | Rat | Diet |
|---|---|---|---|---|
| 1 | 240 | 0 | 1 | 1 |
| 2 | 250 | 1 | 1 | 1 |
| 3 | 255 | 2 | 1 | 1 |
| 4 | 260 | 3 | 1 | 1 |
| 5 | 262 | 4 | 1 | 1 |
| 6 | 258 | 5 | 1 | 1 |
| 7 | 266 | 6 | 1 | 1 |
| 9 | 265 | 7 | 1 | 1 |
| ⋮ | ⋮ | ⋮ | ⋮ | ⋮ |
| 89 | 410 | 0 | 9 | 2 |
| 90 | 415 | 1 | 9 | 2 |
| 91 | 425 | 2 | 9 | 2 |
| 92 | 428 | 3 | 9 | 2 |
| 93 | 438 | 4 | 9 | 2 |
| ⋮ | ⋮ | ⋮ | ⋮ | ⋮ |

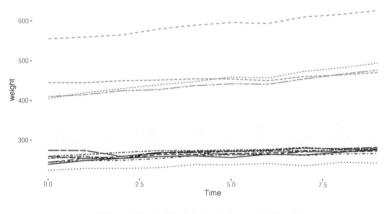

図3.14　Diet1, Diet2を食べたラットの体重の変化

　手始めに，時間を考慮しないマルチレベル分析を行ってみます．時点$t$における個体$i$の体重の観測値（従属変数）を$Y_{it}$とします．最も単純な

モデルである切片のみの**ランダム切片モデル**（random intercepts model）は以下の式で表されます．これは個体間の体重のばらつきを見るだけの分析モデルであり，潜在成長曲線モデルではありません．

$$Y_{it} = \gamma_{00} + U_{0i} + R_{it}$$

ただし，

$$R_{it} \sim \mathcal{N}\left(0, \sigma_R^2\right) \ , \quad U_{0i} \sim \mathcal{N}\left(0, \sigma_U^2\right)$$

上の式を，階層的にレベル1と2を分けて記述すると以下のようになります．

$$Y_{it} = \beta_{0i} + R_{it} \quad （レベル1）$$
$$\beta_{0i} = \gamma_{00} + U_{0i} \quad （レベル2）$$

ここで，添字 $t$ のない $U_{0i}$ は直接測定されない変数で**ランダム効果**（random effect）と呼ばれ，個人差を表しています．一方，$\gamma_{00}$ は**固定効果**（fixed effect）と呼ばれます．$R_{it}$ は誤差を表します．

　ラットの体重データをこのモデルで分析してみましょう．Rでマルチレベル分析を行うパッケージには {lme4} がよく使われますが，ここでは {nlme} を使っています．(Intercept) で示される $\sigma_U$（個体間の体重のばらつき）が約115 g あり，個体差が大きいことがわかります．また，Residual で示される測定期間内のばらつき $\sigma_R$ は約14 g で，それほど大きくは変化していません．

▌3-6.R つづき

```
# ランダム切片モデル
library(nlme)
lme(weight ~ 1, random = ~ 1 | Rat, data=dat)
# library(lme4) # {lme4}で書く場合
# lmer(weight ~ 1 + (1 | Rat), data = dat)
```

```
Linear mixed-effects model fit by REML
  Data: dat
  Log-restricted-likelihood: -526.7513
  Fixed: weight ~ 1
(Intercept)
   337.0083

Random effects:
 Formula: ~1 | Rat
        (Intercept) Residual
StdDev:    115.1943 14.74502

Number of Observations: 120
Number of Groups: 12
```

　上記のランダム切片モデルでは，まだ時間に伴う変化は考慮していません．次に潜在成長曲線モデルで考えてみます．ここで経過日数の影響を $X$ として，切片 $\beta_{0i}$ や経過日数の影響（傾き $\beta_{1i}$）が個体によって異なるという階層モデルを考えます．また，多くの心理学的な研究の場合，なんらかの外的な要因 $Z$ の効果を時系列の観点から検証したい場合が多いでしょうから，外的な要因 $Z$ の影響の個体差をレベル2において考慮します（図3.15）．$U_{0i}$ と $U_{1i}$ はそれぞれ切片と傾きの誤差項であり，平均 $\begin{pmatrix} 0 \\ 0 \end{pmatrix}$ で，分散共分散行列が $\begin{pmatrix} \tau_{00}^2 & \tau_{01} \\ \tau_{01} & \tau_{11}^2 \end{pmatrix}$ の多変量正規分布に従うとします．$\tau_{00}^2$ は $U_{0i}$ の分散，$\tau_{11}^2$ は $U_{1i}$ の分散，$\tau_{01}$ は $U_{0i}$ と $U_{1i}$ の共分散です．P.98で紹介する一次自己相関とは異なり，自己相関を考慮しないため，このような与え方は**無構造**（unstructured）相関といいます．

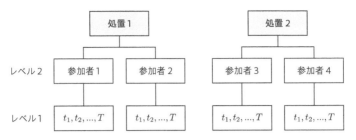

図3.15 潜在成長曲線モデルと条件

$$Y_{it} = \beta_{0i} + \beta_{1i}X_{it} + R_{it} \quad (\text{レベル1})$$
$$\beta_{0i} = \gamma_{00} + \gamma_{01}Z_i + U_{0i} \quad (\text{レベル2})$$
$$\beta_{1i} = \gamma_{10} + \gamma_{11}Z_i + U_{1i} \quad (\text{レベル2})$$

ただし,

$$R_{it} \sim \mathcal{N}\left(0, \sigma_R^2\right)$$
$$\begin{pmatrix} U_{0i} \\ U_{1i} \end{pmatrix} = \mathcal{N}\left[\begin{pmatrix} 0 \\ 0 \end{pmatrix}, \begin{pmatrix} \tau_{00}^2 & \tau_{01} \\ \tau_{01} & \tau_{11}^2 \end{pmatrix}\right]$$

▋3-6.R つづき

```
# 残差の系列相関を考慮しない潜在成長曲線モデル
fit1 <- lme(weight ~ Time*Diet, random = ~ Time | Rat, data=dat)
plot(ACF(fit1), alpha = 0.01)
```

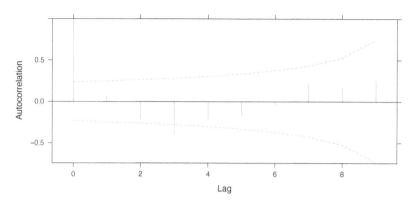

図3.16　fit1残差の自己相関

　残差の自己相関をチェックしてみると，Lag=3で若干の系列相関がある
ことが示唆されます（図3.16）．このようなとき，誤差$R_{it}$の共分散行列の
構造をlme()の引数correlationで指定することで，系列相関に対処する
ことができます．1つ前の時点のデータからのみ影響されるというAR(1)
モデルに従うと考えた場合，誤差$R_{it}$の分散共分散行列は，以下の式のよ
うに一次自己相関と呼ばれる構造を持ちます．この行列は，近い時点同士
には強い相関を，遠い時点同士には弱い相関を与えます．

$$\Sigma = \sigma^2 \begin{pmatrix} 1 & \rho & \rho^2 & \cdots & \rho^{T-1} \\ \rho & 1 & \rho & \cdots & \rho^{T-2} \\ \rho^2 & \rho & 1 & \cdots & \rho^{T-3} \\ \vdots & \vdots & \vdots & \ddots & \vdots \\ \rho^{T-1} & \rho^{T-2} & \rho^{T-3} & \cdots & 1 \end{pmatrix}$$

$$R_{it} \sim \mathcal{N}(0, \Sigma)$$

▌3-6.R つづき

```
# 残差の系列相関を考慮した潜在成長曲線モデル
fit2 <- lme(weight ~ Time*Diet, random = ~ Time | Rat,
            correlation = corAR1(form=~Time|Rat), data=dat)
summary(fit2)
```

残差の系列相関を考慮した潜在成長曲線モデルによる以下の分析の結果から，餌の主効果（Diet2）だけでなく，時間と餌の交互作用（Time:Diet2）も有意であることがわかります．つまり，餌の違いは，体重のレベルだけでなく増加率にも関連していました．

---

```
Linear mixed-effects model fit by REML
  Data: dat
       AIC      BIC    logLik
  762.9048 787.6871 -372.4524

Random effects:
 Formula: ~Time | Rat
 Structure: General positive-definite, Log-Cholesky parametrization
            StdDev    Corr
(Intercept) 39.194290 (Intr)
Time         1.612631 0.019
Residual     4.306175

Correlation Structure: AR(1)
 Formula: ~Time | Rat
 Parameter estimate(s):
      Phi
0.4230404
Fixed effects:  weight ~ Time * Diet
              Value Std.Error  DF  t-value p-value
(Intercept) 251.79229 13.908954 106 18.102891   0e+00
Time          2.53776  0.609355 106  4.164672   1e-04
Diet2       201.31398 24.091016  10  8.356392   0e+00
Time:Diet2    4.44604  1.055434 106  4.212525   1e-04
 Correlation:
           (Intr) Time   Diet2
Time       -0.006
Diet2      -0.577  0.004
Time:Diet2  0.004 -0.577 -0.006
```

```
Standardized Within-Group Residuals:
      Min         Q1         Med         Q3         Max
-2.7253678 -0.4252638  0.1269304  0.5315501  1.8141115


Number of Observations: 120
Number of Groups: 12
```

# 3.7 中断時系列デザイン

**単一事例実験法** (single-case experimental design) という研究手法があ
ります．その名のとおり，一人や少数の研究参加者に対して，なんらかの
介入（独立変数の操作）を行い，介入の有効性を検証する研究手法です．疫
学などの文脈では，**中断時系列デザイン** (interrupted time series design)
や**中断時系列分析** (interrupted time series analysis; **ITSA**) とも呼ばれます．
このような手法は，**準実験デザイン**（quasi experimental design）と呼ばれ
る手法に分類されます．ランダム化比較試験（RCT）のように研究参加者を
複数の群に分けて比較することが難しい場合に，介入や政策の影響を評価
するときにとても便利な方法です．

　単一事例実験法では，介入がない期間（ベースライン期）と介入期での測
定値を比較します．ベースライン期をA，介入期をBとして，1回の介入の
場合はABデザイン，2回介入を繰り返す場合にはABABデザインと呼ばれ
ます．このA区間とB区間の傾向の比較から，介入の効果の有無を判断す
るわけです．

　心理学では，単一事例実験法でのデータをグラフにして，効果の有無を
目視によって判断するという方法がよく用いられてきました．もちろん，
目で見てすぐにわかるほどの効果があることが望ましいのはいうまでもあ
りませんが，一方で，誤って効果のない介入を「効果あり」とみなしてしま
うと大変です（**第1種の過誤**）．このような事態は避ける必要があります．
そのためには統計的な検証は必要でしょう．

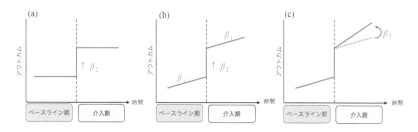

図3.17 中断時系列デザインの例. (a) レベルの変化のみ(トレンドなし), (b) レベルの変化のみ(トレンドあり), (c) レベルとトレンド(傾き)が変化する

　中断時系列分析の統計解析では, 独立変数に時間 $T$, および時点 $t$ における介入の有無 $X_t$ (ダミー変数) を置き, 従属変数 $Y_t$ をなんらかのアウトカムの観測値とする回帰分析を行います. 図3.17のように介入がレベルの変化だけを生じさせるのか, 傾きの変化も生じさせるのかによって分析モデルは異なります. 介入によるレベルの変化と傾きの変化も考慮したモデルは以下の式のとおりです.

$$Y_t = \beta_0 + \beta_1 T + \beta_2 X_t + \beta_3 T X_t$$

$Y_t$: 観測値
$T$: 時間 (日数など)
$X_t$: 時点 $t$ での介入の有無 (0/1)
$\beta_0$: 切片
$\beta_1$: ベースライン時のトレンド (傾き)
$\beta_2$: 介入によるレベルの変化
$\beta_3$: 介入によるトレンドの変化

　ここでは, シチリア島で実施された公共施設内での禁煙ルール (smokban) 施行前後の, 月ごとの心臓疾患の入院患者数のデータの分析[3-3] を例に中断時系列分析の方法を述べます. 表3.2は, データ (sicily.csv) の抜粋です.

▌ 3-7.R

```
# データの準備

fileURL <- "https://raw.githubusercontent.com/gasparrini/
2017_lopezbernal_IJE_codedata/master/sicily.csv"

data <- data.frame(read.csv(fileURL, header=T))
```

表 3.2　イタリア・シチリア島での禁煙と心臓疾患の関係を検討したデータ．year と month は年（西暦）と月を，time は 2002 年 1 月からの通算月数を示しています．また aces は冠動脈の急性障害（acute coronary syndrome; ACS）による入院患者数．2005 年 1 月から公共施設内禁煙（smokban）が実施されています（'1'は禁煙実施後）.

| year | month | aces | time | smokban | pop | stdpop |
|------|-------|------|------|---------|-----|--------|
| 2002 | 1 | 728 | 1 | 0 | 364277.4 | 379875.3 |
| 2002 | 2 | 659 | 2 | 0 | 364277.4 | 376495.5 |
| 2002 | 3 | 791 | 3 | 0 | 364277.4 | 377040.8 |
| 2002 | 4 | 734 | 4 | 0 | 364277.4 | 377116.4 |
| ⋮ | ⋮ | ⋮ | ⋮ | ⋮ | ⋮ | ⋮ |
| 2005 | 1 | 831 | 37 | 1 | 364420.8 | 388153.2 |
| 2005 | 2 | 796 | 38 | 1 | 364420.8 | 388373.2 |
| 2005 | 3 | 833 | 39 | 1 | 364420.8 | 386470.1 |
| 2005 | 4 | 820 | 40 | 1 | 364420.8 | 386033.2 |
| ⋮ | ⋮ | ⋮ | ⋮ | ⋮ | ⋮ | ⋮ |

https://github.com/gasparrini/2017_lopezbernal_IJE_codedata

## 〰 3.7.1 線形回帰モデル

### 介入×時間モデル

　まず，一般線形モデル（GLM，線形回帰）による分析を glm() 関数で実行してみます．モデルの記述方法は一般的な回帰分析の書き方と変わりません．介入前後のトレンドの変化も検討するために，交互作用項（smokban:time）も考慮しています．観測値は患者数なので実際には離散値ですが，ここでは分布を gaussian（正規分布）に設定しています．

## 3-7.R つづき

```
# 一般線形モデル (線形回帰) 介入×時間

# 傾きの変化を考慮したモデル

fit1 <- glm(aces ~ smokban * time , family=gaussian, data)

# 傾きの変化を考慮しないモデル

# fit1 <- glm(aces ~ smokban + time , family=gaussian, data)

summary(fit1)


# 描画

pred1 <- predict(fit1) # 予測

plot(data$aces, ylim=c(0,1000),xlab="Time", ylab="ACEs")

points(pred1, col=2, type="l")


# 自己相関関数

acf(fit1$residuals)
```

---

```
Call:
glm(formula = aces ~ smokban * time, family = gaussian, data = data)


Deviance Residuals:
   Min       1Q    Median       3Q       Max
-98.957  -38.575   -4.926   35.513   158.337


Coefficients:
             Estimate Std. Error t value Pr(>|t|)
(Intercept)  728.4730    18.9129  38.517  < 2e-16 ***
smokban     -117.7339    86.7176  -1.358    0.180
time           4.4534     0.8914   4.996 6.28e-06 ***
smokban:time   0.6879     1.9609   0.351    0.727
---
Signif. codes:  0 '***' 0.001 '**' 0.01 '*' 0.05 '.' 0.1 ' ' 1


(Dispersion parameter for gaussian family taken to be 3086.966)
```

```
    Null deviance: 304139  on 58  degrees of freedom
Residual deviance: 169783  on 55  degrees of freedom
AIC: 647.35

Number of Fisher Scoring iterations: 2
```

　結果から得られた Coefficients の項目の数値を回帰モデル式に代入すると，次のようになります．

$$Y_t = 728.4730 - 117.7339 \ smokban \ + \ 4.4534 \ time \ + \ 0.6879 \ smokban \times time$$

このモデルでの GLM の結果，禁煙の有意な効果は認められません．このモデルの残差の自己相関関数（ACF）をプロットすると，青破線で示された 95%信頼区間を超える大きな系列相関が Lag6 や 12 にあり，適切な分析モデルではないことがわかります（図3.18）．残差には周期性があるので，季節成分を考慮する必要があるようです．

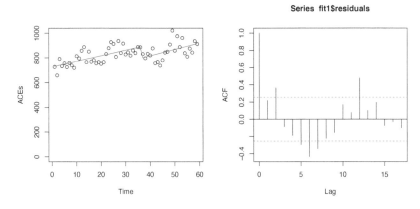

図3.18　「患者 〜 介入×時間」モデルの予測値と残差の自己相関関数

## 介入×時間＋季節成分モデル

　次に，12 ヵ月周期の季節成分を考慮したモデルを考えます．中断時系列分析で使われるデータには，概日リズムや週内変動，四季のように強い季節成分がみられることがしばしばあります．3.5 節で解説したフーリエ級数展開を用いて，季節成分をモデルに入れて以下のように分析してみましょう．

　季節成分をモデルに入れた結果，残差の自己相関が小さくなっていることがわかります（図3.19）．念のため，ダービン-ワトソン検定も行い系列相関についても確認をします．DW 比は 2 に近い値を示しており，有意な系列相関は認められません．

　多くの事例では，このように適切に季節成分を考慮することで残差の自己相関の問題が解決しますが，それでも解決しない場合は，一般化最小二乗法 (GLS; Prais-Winsten 法) など系列相関を考慮した分析手法を使う必要があります．ただ，結果に合わせてさまざまなモデルで分析を試みることはおすすめできません．介入がどのような効果をもたらすかについては，研究者自身があらかじめ仮説を持っておく必要があります．

▌3-7.R つづき

```
# 一般線形モデル（線形回帰）介入×時間＋季節成分
library(tsModel)
# harmonic(time,2,12)の2番目の引数で調和数，3番目の引数で周期を指
定します
fit2 <- glm(aces ~ smokban * time + harmonic(time,2,12) , family=g ↵
aussian, data)
summary(fit2)

# 描画
pred2 <- predict(fit2)
plot(data$aces, ylim=c(0,1000))
points(pred2, col=2, type="l")

# ダービン-ワトソン検定
library(lmtest)
dwtest(fit2)
```

```
glm(formula = aces ~ smokban * time + harmonic(time, 2, 12),
    family = gaussian, data = data)


Deviance Residuals:
    Min        1Q     Median       3Q       Max
-101.813   -31.998    -2.868    30.220   115.755


Coefficients:
                         Estimate Std. Error t value Pr(>|t|)
(Intercept)              723.5625    15.2572  47.424  < 2e-16 ***
smokban                 -168.9090    70.4881  -2.396 0.020268 *
time                       4.7188     0.7241   6.517 3.15e-08 ***
harmonic(time, 2, 12)1    33.5705     8.4688   3.964 0.000230 ***
harmonic(time, 2, 12)2   -13.4729     8.1040  -1.663 0.102547
harmonic(time, 2, 12)3    32.7385     8.1625   4.011 0.000198 ***
harmonic(time, 2, 12)4    11.9229     8.1625   1.461 0.150235
smokban:time               1.6314     1.5682   1.040 0.303124
---
Signif. codes:  0 '***' 0.001 '**' 0.01 '*' 0.05 '.' 0.1 ' ' 1


(Dispersion parameter for gaussian family taken to be 1920.457)


    Null deviance: 304139  on 58  degrees of freedom
Residual deviance:  97943  on 51  degrees of freedom
AIC: 622.9


Number of Fisher Scoring iterations: 2
Durbin-Watson test
data:  fit2
DW = 2.4659, p-value = 0.8262
alternative hypothesis: true autocorrelation is greater than 0
```

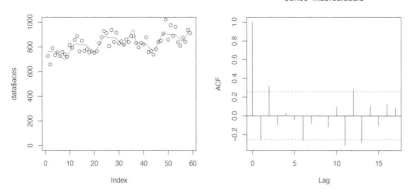

Series fit2$residuals

図3.19 「患者 〜 介入×時間＋季節成分」モデルの予測と残差の自己相関関数

## 3.7.2 ポアソン回帰モデル

　ここまでは線形回帰モデルで分析を行ってきましたが，実際の観測値は0以上で整数値をとるカウントデータなので，観測値が正規分布に従うと考える線形回帰モデルを適用することは，適切ではありません．そこで，観測値が**ポアソン分布**（Poisson distribution）に従うと仮定した**ポアソン回帰**（Poisson regression）を行います．ポアソン分布とは，一定期間に平均$\lambda$回発生するようなイベントが$k$回発生する確率が従う分布です．ポアソン分布の平均$E[y]$と分散$V[y]$はともに$\lambda$になります．

$$P(y = k) = \frac{\lambda^k e^{-\lambda}}{k!}, \quad k = 0, 1, 2, \dots$$
$$E[y] = \lambda$$
$$V[y] = \lambda$$

　$\lambda$は必ず正の値なので，$\lambda$と回帰式の関係を以下の式のように$\log(\lambda_t)$でつなぐことで，右辺が負の値をとることができるようにします．また，この$\log()$の式を**対数リンク関数**（log link function）といいます．

$$\log(\lambda_t) = \beta_0 + \beta_1 smokban + \beta_2 time + \beta_3 smokban \times time,$$
$$time = 1, 2, 3, \dots$$

glm()でポアソン回帰を行う際は，分布にpoissonを指定し，リンク関数に対数リンク関数 "log" を指定します．分析結果から下記のような関係があることがわかります（図3.20）．exp()はlog()の逆関数です．

$$
\mathrm{E}(Y_t) = \lambda_t = \exp(6.5947956 - 0.1294175\ smokban +
$$
$$
0.0054958\ time + 0.0005017\ smokban \times time)
$$

▌ 3-7.R つづき

```
# 一般線形モデル（ポアソン回帰）介入×時間
fit3 <- glm(aces ~ smokban*time, family=poisson(link="log"), data)
summary(fit3)
# 描画
pred3 <- predict(fit3)
plot(data$aces, ylim=c(0,1000))
points(exp(pred3), col=2, type="l")
acf(fit3$residuals)
```

```
Call:
glm(formula = aces ~ smokban * time, family = poisson(link = "log"),
    data = data)

Deviance Residuals:
   Min      1Q  Median      3Q     Max
-3.477  -1.339  -0.270   1.245   5.261

Coefficients:
               Estimate Std. Error z value Pr(>|z|)
(Intercept)   6.5947956  0.0122556 538.103   <2e-16 ***
smokban      -0.1294175  0.0537370  -2.408    0.016 *
time          0.0054958  0.0005640   9.745   <2e-16 ***
smokban:time  0.0005017  0.0012130   0.414    0.679
---
Signif. codes:  0 '***' 0.001 '**' 0.01 '*' 0.05 '.' 0.1 ' ' 1
```

```
(Dispersion parameter for poisson family taken to be 1)

    Null deviance: 365.47  on 58  degrees of freedom
Residual deviance: 202.51  on 55  degrees of freedom
AIC: 715.23

Number of Fisher Scoring iterations: 3
```

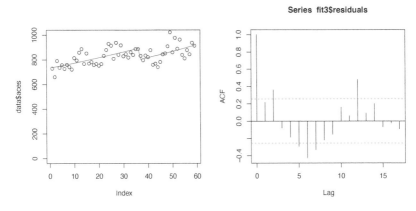

図3.20 「患者 〜 介入×時間」ポアソン回帰モデルの予測と残差の自己相関関数

　季節調整を行う場合のポアソン回帰モデルのソースは以下のとおりで
す．観測値（患者数）が十分に大きかったため，ポアソン回帰と線形回帰の
結果に大きな違いはありませんでした．

▌3-7.R つづき

```
# 一般線形モデル（ポアソン回帰）介入・時間＋季節成分
fit4 <- glm(aces ~ smokban*time + harmonic(time,2,12), family=pois ⏎
son(link="log"), data)
summary(fit4)
```

```
Call:
glm(formula = aces ~ smokban * time + harmonic(time, 2, 12),
```

```
         family = poisson(link = "log"), data = data)

Deviance Residuals:
    Min        1Q   Median        3Q       Max
-3.7661   -1.1144  -0.1596    1.1097    3.7279

Coefficients:
                          Estimate Std. Error z value Pr(>|z|)
(Intercept)               6.588158   0.012520 526.222  < 2e-16 ***
smokban                  -0.191619   0.055401  -3.459 0.000543 ***
time                      0.005805   0.000580  10.009  < 2e-16 ***
harmonic(time, 2, 12)1    0.041261   0.006743   6.119 9.43e-10 ***
harmonic(time, 2, 12)2   -0.016417   0.006429  -2.554 0.010664 *
harmonic(time, 2, 12)3    0.039241   0.006441   6.092 1.11e-09 ***
harmonic(time, 2, 12)4    0.013952   0.006466   2.158 0.030940 *
smokban:time              0.001657   0.001230   1.347 0.177925
---
Signif. codes:  0 '***' 0.001 '**' 0.01 '*' 0.05 '.' 0.1 ' ' 1

(Dispersion parameter for poisson family taken to be 1)

    Null deviance: 365.47  on 58  degrees of freedom
Residual deviance: 115.93  on 51  degrees of freedom
AIC: 636.66

Number of Fisher Scoring iterations: 3
```

　最後に**オフセット項**（offset term）について説明します．この調査で本当に明らかにしたいのは，患者数 $E(Y_t)$ ではなく，患者の発生率 $E\left(\dfrac{Y_t}{人口_t}\right)$ に及ぼす影響です．シチリア島の人口 stdpop が一定であれば患者数と発生率の分析モデルは同じものと考えることができますが，実際にはデータ収集期間の間にもシチリア島の人口は変化します．「率」に関心がある場合，ポアソン回帰ではオフセット項とい

う変数を導入します．オフセット項を導入することは，以下に示したように「率」に対する効果を検討することと等価（⇔）になります．

$$\log\left(E\left(\frac{Y_t}{\text{人口}_t}\right)\right) = \beta_0 + \beta_1 T \ldots$$
$$\Leftrightarrow \ \log\left(E\left(Y_t\right)\right) = \log\left(\text{人口}_t\right) + \beta_0 + \beta_1 T \ldots$$

オフセット項である $\log\left(\text{人口}_t\right)$ の係数は1です．オフセット項offset (log(stdpop))をモデル式に入れて分析してみると，患者発生率に対しても smokban の効果は有意であることがわかります（図3.21）．

「率」に関心がある場合，観測値を観測値で割った値を分析に用いると，せっかくの情報が失われてしまうので，オフセット項を用いて分析するようにしてください．

▌ 3-7.R つづき

```
# 一般線形モデル（ポアソン回帰）オフセット項介入×時間＋季節成分
# 人口をstdpopをオフセット項として投入している
fit5 <- glm(aces ~ offset(log(stdpop)) + smokban*time + harmonic(t ⤸
ime,2,12),family=poisson(link="log"), data)
summary(fit5)


# 描画
pred5 <- predict(fit5)
plot(data$aces, ylim=c(0,1000))
points(exp(pred5), col=2, type="l")
acf(fit5$residuals)
```

```
Call:
glm(formula = aces ~ offset(log(stdpop)) + smokban * time + harmon ⤸
ic(time,
    2, 12), family = poisson(link = "log"), data = data)


Deviance Residuals:
    Min      1Q    Median      3Q      Max
```

```
-3.7028  -1.1977  -0.1371   1.1837   3.6172


Coefficients:
                          Estimate Std. Error  z value Pr(>|z|)
(Intercept)             -6.2469039  0.0125164 -499.097  < 2e-16 ***
smokban                 -0.1852194  0.0554057   -3.343 0.000829 ***
time                     0.0051026  0.0005799    8.800  < 2e-16 ***
harmonic(time, 2, 12)1   0.0383261  0.0067424    5.684 1.31e-08 ***
harmonic(time, 2, 12)2  -0.0176326  0.0064294   -2.743 0.006097 **
harmonic(time, 2, 12)3   0.0383558  0.0064410    5.955 2.60e-09 ***
harmonic(time, 2, 12)4   0.0149653  0.0064664    2.314 0.020650 *
smokban:time             0.0014822  0.0012297    1.205 0.228076
---
Signif. codes:  0 '***' 0.001 '**' 0.01 '*' 0.05 '.' 0.1 ' ' 1


(Dispersion parameter for poisson family taken to be 1)


    Null deviance: 308.52  on 58  degrees of freedom
Residual deviance: 115.81  on 51  degrees of freedom
AIC: 636.54


Number of Fisher Scoring iterations: 3
```

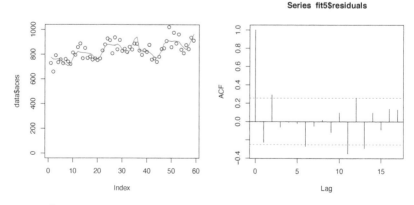

図3.21 「オフセット項＋介入×時間＋季節成分」のポアソン回帰による予測と残差の自己相関関数

# 4

# RStanによる
# 状態空間モデル

## 4.1 状態空間モデルとRStanの基礎

### 4.1.1 状態空間モデル

　**状態空間モデル**（state space model）は，さまざまな時系列モデルを統一的に扱うことができるとても便利なフレームワークで，ARIMAモデルなどの教科書に載っている時系列モデリングはすべてこの状態空間モデルに包含されます．状態空間モデルは時系列データを扱うための強力なフレームワークなのですが，少々計算が厄介で，ベイズ統計学の知識や分析アプリケーションの知識も必要になります．ここでは，状態空間モデルの簡単な紹介と，分析を実行するための基本的なツールとして**RStan**を紹介します．

　状態空間モデルでは，直接観測できない潜在的な「状態」の存在を仮定します．この状態を観測した際には，必ずなんらかのノイズ（観測誤差）が加わり，これが観測値になります．たとえば，ストレスを「状態」だと考え，これをなんらかの生理的な指標（ストレスホルモンなど）で測定し，「観測値」が得られると考えてみましょう．毎日測定し続けると，その値は毎日変動するでしょう．状態空間モデルでは，この日々の観測値の変動を，「ストレス状態の変化」と「観測に伴う誤差」に分けて考えます．とても自然な考え方です．

　ストレス状態が1日で大きく変化することはあまりありません．たとえば，4月1日に強いストレス状態にあったのであれば，おそらく翌4月2日も同様に強いストレスを感じているでしょう．しかし，半年も経つと4月1日の状態とは大きく変わっているかもしれません．このように，状態は徐々に変化します．ここで，時点$t$での状態$x_t$は，1つ前の時点の状態$x_{t-1}$に依存して定まり，さらにそこになにかしらの誤差が加わった値になります．

このような状態の変化を表すモデルは**システムモデル** (system model)，もしくは**状態方程式** (state equation) と呼ばれます.

$$x_t = f(x_{t-1}) + u_t \quad （システムモデル）$$
$u_t$ : システムノイズや状態撹乱項と呼ばれます

一方，ストレスホルモンの測定値 $y_t$ はその日のストレス状態 $x_t$ を大まかには反映しますが，どうしても観測に関わる誤差は生じてしまいます. 状態と観測値の関係を表す式のことを**観測モデル** (observation model) ないしは**観測方程式** (observation equation) と呼びます. 観測値 $y_t$ と状態変数 $x_t$ の関係性を表す関数を $h$ とし，観測値に加わるノイズを $v_t$ とすると，観測モデルは以下のようになります.

$$y_t = h(x_t) + v_t \quad （観測モデル）$$
$v_t$ : 観測ノイズや観測撹乱項と呼ばれます

　システムモデルと観測モデルをグラフィカルモデルで表現したものが図 4.1 です. 目に見えない「状態」の存在を仮定して，「観測」と分けて考えることのメリットには，以下のようなものがあります.

- 観測できない「状態」を推定するという考え方は，直接的に観測できない心理的な変数を扱うことが多い心理学の分析と馴染みやすい.
- システムモデル，観測モデルともに自由度が高く，分析者のアイデアに合った柔軟なモデリングが可能.
- システムノイズと観測ノイズを分けて推定できる. ノイズのうちどの程度が観測に由来するものか考えることができる.
- 欠損値に強い. 観測がなんらかの理由でできなかったとしても，その時点の状態を推定することができる. 多くの時系列分析モデルは欠損値があると分析できないため，欠損値は補間をすることが一般的だが，状態空間モデルではある程度の欠損値があるデータでもそのまま分析できる（むしろ欠損値の補間をしてはいけない）.

　一方で，分析方法の流れが決まっているボックス-ジェンキンス法などと比べると，システムモデル，観測モデルともに分析者自身が設定する必

要があり，そのモデルの妥当性について分析者自身がしっかり考える必要
があるという難点もあります．また，分析には次項で紹介するマルコフ連
鎖モンテカルロ法などを用いる必要があり，習得がやや難しいかもしれま
せん．

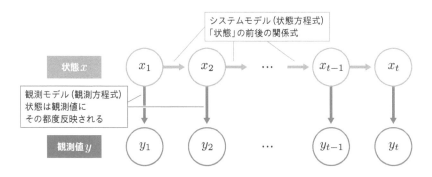

図4.1　状態空間モデルのグラフィカルモデル

## 4.1.2 パラメータを推定する方法

　状態空間モデルでは，観測されていない状態の確率分布と，システムノ
イズや観測ノイズのパラメータの確率分布の両方を観測値から推定しま
す．推定はベイズ統計の考え方に基づいて行われます．ベイズ統計では，
分析者の持つさまざまな仮定から，データが得られたときの仮説の正しさ，
さらには将来得られるデータの予測値まで，すべて確率分布の形で考えま
す．

　ベイズ統計は基本的に以下の2つのステップで分析を行います．

- **ステップ1**
  まず，未知のパラメータ $\theta$ に関する信念を確率分布 $p(\theta)$ で表現します．この
  確率分布は**事前分布**（prior distribution）と呼ばれます．もちろん，未知のパ
  ラメータ $\theta$ について事前にはまったくわからないことが多いので，そのよう
  な場合は無情報事前分布といわれるものを想定します．

- **ステップ2**
  実験を行って得られた観測データ $D$ を使い，$p(\theta)$ に関する信念をベイズの
  定理によりアップデートします．アップデートされた信念のことを**事後分
  布**（posterior distribution）といい，$p(\theta|D)$ と書きます．

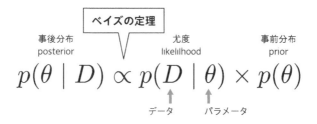

「∝」は左辺が右辺に比例するという意味の記号です．事前分布は「知りたいパラメータ $\theta$ の確からしさの分布」，**尤度**(likelihood) は「そのパラメータを使ったモデルがどのくらい観測データ $D$ と合致するかの程度」，事後分布は「観測データによってアップデートしたあとのパラメータ $\theta$ がとりうる値の確率分布」です．

パラメータと状態を推定する方法には，大きく分けると逐次的にデータを取得しながら推定を行っていくカルマンフィルタなどの方法と，事後に一括でパラメータと状態を推定する**マルコフ連鎖モンテカルロ法**(Markov chain Monte-Carlo methods; **MCMC**) に代表される方法があります．前者は工学の分野で盛んに用いられますが，心理学の分析で用いられるのはもっぱら後者です．

MCMC は，多変量の確率分布から乱数を生成してサンプルを抽出するシミュレーション手法の一つです．簡単にいえば「難しい数式を解いて確率分布を求める代わりに，コンピュータ・シミュレーションを使って確率分布を推定する」という方法です．MCMC の登場により，統計モデルごとに複雑な解法を考えなくとも，汎用的にさまざまな問題が解けるようになりました．

### 〽 4.1.3 確率的プログラミング言語Stan

MCMC を使ってパラメータの確率分布を求めるためのプログラミング言語のことを**確率的プログラミング言語**といいます．確率的プログラミング言語に研究者が考える確率モデルを記述してデータを渡せば，パラメータをほぼ自動的に推定してくれます．有名なものには，Stan や WinBUGS，WinBUGS とほぼ同じ構文の JAGS などがあります．

本書では **Stan**[4-1] とその使い方を紹介します. 確率的プログラミング言語の中でも, Stan は解説記事が多く, またよい入門書[4-2, 4-3] が出版されていますし, 公式マニュアル[4-4] もよく整備されており, マニュアルの日本語翻訳プロジェクト[4-5] も進んでいます. Stan は MCMC の一種である**ハミルトニアンモンテカルロ法** (Hamiltonian Monte-Carlo method; **HMC**) という方法で推定を行います. HMC は複雑なモデルでも少ないサンプリング回数で収束しやすいという特徴があるそうです (MCMC でいうところの「収束」とは, パラメータがある特定の値に収束するという意味ではなく, ある分布に収束するという意味です).

Stan は単体では使われません. 統計モデルが記述されたファイルを hogehoge.stan といったファイルに保存し, R や Python からファイル名を引数にして Stan を実行します (図4.2). R から実行するためには RStan, Python から実行するには PyStan というラッパー (R や Python と Stan の仲立ちをしてくれるパッケージ) があります. また, Stan で得られた確率分布などの結果を描画するには R や Python を用います. ここでは R から Stan を使う方法を解説します.

# R → Stan → R

・データの整形
・モデルファイルの指定
・サンプリングの詳細の指定
　(chain の数, iteration の回数,
　乱数 seed の指定など)
・パラメータの初期値の指定
　(しなくてもよい)

・MCMC サンプリング
・予測分布の計算

・収束の確認
・結果の要約
・ggplot などによる描画

図4.2　R と Stan の関係

RStan の導入の方法は, Windows か Mac か Linux かによっても異なりますし, その方法もしばしば変更されます. 最新の情報を手に入れるために RStan-Getting-Started[4-6] のページを参考にしてインストールを行うようにしてください.

Stan は, ソースコード (確率モデルを書いたコード) をいったん C++ で

コンパイル（compile）してから実行するというスタイルをとっています. コンパイルとは，コンピュータが高速で実行できるような形式に翻訳する作業のことです. このコンパイルの作業は, Windows では Rtools, Mac では Xcode というコンパイラが行います. RStan の導入の際に生じるトラブルの多くはこのコンパイラ周りです.「そもそも Rtools や Xcode がインストールされていない」「PATH の設定が行われていない」「Windows のユーザー名が漢字や平仮名で登録されている」「ウイルス対策ソフトが邪魔をしている」といったことでうまく導入できないことが多いようです. OS や R のバージョンアップに Stan が対応できていないこともあります.

## ⩟ 4.1.4 RStan の使い方

体重をローカルレベルモデルで考える

　仮想の 20 日間の体重変化のデータを例に, Stan を使って状態空間モデルで体重変化をどのように分析するのか説明します. 毎日の体重は図4.3 のように変化しているとします.

▌4-1-4.R

```
# 体重仮想データ
Y <- c(69.9, 69.3, 69.8, 70.4, 70.6, 70.3, 69.9, 69.6, 69.1, 69.5, ↵
70.1, 70.3, 71.0,69.9, 69.8, 70.1, 69.8, 69.7, 69.3, 69.1)
```

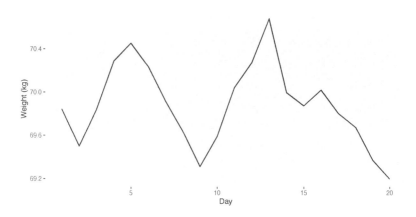

図4.3　体重データ（仮想データ）

体重は，前日に食べ過ぎたとか運動をしたとか，さまざまな要因で増え
ることも減ることもありますが，日々の体重変化を平均すればほぼ0にな
ります（お正月やダイエット中はそうはなりませんが）．また，前日から体
重が10 kg増なんてこともまずありません．そう考えると，ある時点$t$での
体重変化$u_t$は，平均が0で分散が$\sigma_u^2$の正規分布に従うホワイトノイズと
考えることができます．

$$u_t \sim \mathcal{N}\left(0, \sigma_u^2\right)$$

ある日$t$の体重（これを$\mu_t$とします）は，前日の体重$\mu_{t-1}$にホワイトノ
イズである体重変化$u_t$が加わったものになります．式で書くと以下のよ
うになります．

$$\mu_t = \mu_{t-1} + u_t$$

体重は前日の体重からランダムに増減し，日々の体重はこの増減が積み
重なったものになります．このように直前の状態のノイズが加わってい
く過程は，3.2.1項でも紹介したようにランダムウォークといいます．グラ
フにしてみると酔っ払いが歩いているようにも見えるので，ドランカーズ
ウォークや酔歩とも呼ばれます．ここでは，体重はランダムウォークに従
うとしましょう．

ただし，どんなに精密な体重計であっても真の体重$\mu_t$を表示してくれ
るわけではありません．測定には必ず観測誤差$v$が生じます．この観測誤
差$v$も，平均が0で分散が$\sigma_v^2$の正規分布に従うと考えると，ある時点$t$の真
の体重$\mu_t$と観測された体重$y_t$の関係は以下の式のようになります．

$$y_t \sim \mathcal{N}(\mu_t, \sigma_v^2)$$

つまり，真の体重$\mu$の状態がランダムウォークに従い，そこに観測誤
差$v$が加わって測定値$y$が決まるということです．この関係を，**ローカル
レベルモデル**（local level model），もしくは**ランダムウォーク・プラス・
ノイズモデル**（random walk plus noise model）といいます．ローカルレベ

ルモデルは, 状態空間モデルの最も基本となるモデルです.

　前述したように, 体重の変化についての関係を記述した式をシステムモデル, もしくは状態方程式といいます. また, 真の体重と観測値の関係を表した式を観測モデルや観測方程式といいます. 上記のモデルをまとめると, 体重変化を分析するためのモデルは以下のように書けます.

$$\mu_t = \mu_{t-1} + u_t, u_t \sim \mathcal{N}(0, \sigma_u^2), t = 1, \ldots, T \quad （システムモデル）$$
$$y_t = \mu_t + v_t, v_t \sim \mathcal{N}(0, \sigma_v^2), t = 1, \ldots, T \quad （観測モデル）$$

## ローカルレベルモデルを Stan で記述する

　次に, このローカルレベルモデルを Stan ファイルに記述して, 分析の準備をします. Stan ファイルは RStudio から [File] -> [New File] -> [Stan File] を選択することで作成することができます. 以下のようなファイルを作成し, 拡張子 .stan でワーキングディレクトリ（作業用に指定したフォルダ）に保存してください.

▌model1.stan

```
data {
  int T;        // サンプリング点数
  vector[T] Y;  // 観測値の時系列
}
parameters {
  vector[T] mu;            // 推定値μ
  real<lower=0> sigma_u;   // システムノイズ
  real<lower=0> sigma_v;   // 観測ノイズ
}
model {
  mu[2:T] ~ normal(mu[1:(T-1)], sigma_u);  // システムモデル
  Y ~ normal(mu, sigma_v);                 // 観測モデル
}
```

　Stan のファイルの中身は, 基本的に data, parameters, model の 3 つのブ

ロックから構成されます（このほかに transformed parameters, generated quantities というブロックもよく使われます）.

#### data ブロック

data ブロックには R から渡される変数を宣言します. 今回の場合は, 体重を計測した日数 $T$ と体重データのベクトル $Y$ です. 観測日数 $T$ は整数（int 型; integer（整数）の意）なので, int と宣言をします. 観測値の配列は複数の観測時点のデータが入っているベクトルなので, vector 型で宣言してください.

#### parameters ブロック

parameters ブロックでは推定したいパラメータを宣言します. 推定したいのは日々の真の体重 $\mu$ と体重変化の標準偏差 $\sigma_u$ と観測ノイズの標準偏差 $\sigma_v$ の 3 つです. 毎日の体重の推定値 $\mu$ も vector 型で宣言します. 標準偏差 $\sigma_u$ と $\sigma_v$ は整数ではないので実数型（real 型）で宣言します. 標準偏差は必ず 0 以上の値になるので, 標準偏差を宣言するときには real<lower=0> としておかないと, うまく推定ができません. 値の範囲を設定し忘れるとエラーが出ることがあります.

#### model ブロック

model ブロックにはシステムモデルと観測モデルをそれぞれ記述します. システムモデル mu[2:T] ~ normal(mu[1:(T-1)], sigma_u); の部分が少しわかりにくいですが, 以下のコードと同じ動作をします.

```
for (t 2:T){
    mu[t] ~ normal(mu[t-1], sigma_u);
}
```

#### transformed parameters ブロック

parameters ブロックで宣言されているパラメータに対してなんらかの変換を施すときに使います. ブロック内で変換式を定義します.

#### generated quantities ブロック

推定されたパラメータを用いて, さらになんらかの計算を行う際に使います. 事後予測分布を求めたり, モデルの良し悪しを評価する WAIC, WBIC などの指標の計算のためにモデルの対数尤度を求めたりするときによく使わ

れます．また，時系列分析では，あとで紹介する隠れマルコフモデル（HMM）で分析を行う際に，ビタビ・アルゴリズムを走らせて各時点での遷移状態を推定するときにも使われます．

## Stanのコンパイルと実行

　Stanは単体では実行できません．以下のように，状態空間モデルが記述された.stanファイルをRからキックするためのRコードを実行する必要があります．また，Stanにデータを渡す際は，データをすべてlist型にして1つのオブジェクトにまとめる必要があります．MCMCの実行の際には，MCMCサンプリングに関するパラメータをいくつか設定する必要があります．iterは各MCMC系列で乱数を発生させる回数で，デフォルト値は2,000回です．chainsは乱数の初期値が異なるMCMCの系列の数で，初期値が異なっていても同じような分布に収束しているかを確かめるために，通常はこの値を3以上に設定します．

▌4-1-4.R つづき

```r
library(rstan)  # ライブラリの読み込み
dat <- list(T=length(Y), Y=Y)  # データはlist型にする
# Stanコードのコンパイル
model1 <- stan_model("model1.stan", model_name="ssm1")
# MCMCの実行
fit <- sampling(model1, data=dat, iter=4000, warmup=2000, thin=4, ↵
chains=4)
summary(fit)
# 収束診断
summary_fit <- summary(fit)$summary[,"Rhat"]
summary_fit[summary_fit > 1.1]  # 収束していれば何も表示されない

# 事後期待値（EAP）と確信区間の算出
resultMCMC <- rstan::extract(fit)
mu_EAP <- apply(resultMCMC$mu,2,mean)
# 下側2.5%点
muLower95 <- apply(resultMCMC$mu,2,function(x) quantile(x,0.025))
# 上側2.5%点
```

```
muUpper95 <- apply(resultMCMC$mu,2,function(x) quantile(x,0.975))
# プロット（95%確信区間もプロットする）
result <- data.frame(Day=1:20,EAP=mu_EAP, lower=muLower95, upper=m ↵
uUpper95)
g <- ggplot(data=result, aes(x=Day, y=EAP))
g <- g + geom_line(aes(y=EAP), lwd=.5)
g <- g +geom_ribbon(aes(ymin=lower,ymax=upper), alpha=.3)
plot(g)

# 事後分布の密度
stan_dens(fit, pars="sigma_u", separate_chains = TRUE)
# サンプリングの軌跡
stan_trace(fit, pars="sigma_u",inc_warmup =T)
```

エラーなく実行されると画面に以下のように表示されます.

```
SAMPLING FOR MODEL 'ssm1' NOW (CHAIN 1).
Chain 1:
Chain 1: Gradient evaluation took 1.6e-05 seconds
Chain 1: 1000 transitions using 10 leapfrog steps per transition w ↵
ould take 0.16 seconds.
Chain 1: Adjust your expectations accordingly!
Chain 1:
Chain 1:
Chain 1: Iteration:    1 / 4000 [  0%]  (Warmup)
Chain 1: Iteration:  400 / 4000 [ 10%]  (Warmup)
Chain 1: Iteration:  800 / 4000 [ 20%]  (Warmup)
Chain 1: Iteration: 1200 / 4000 [ 30%]  (Warmup)
 :  (中略)
Chain 4:
Chain 4:  Elapsed Time: 0.116122 seconds (Warm-up)
Chain 4:               0.845267 seconds (Sampling)
Chain 4:               0.961389 seconds (Total)
Chain 4:
```

実行結果を見てみましょう．summary()関数でMCMCサンプリングの要約を見ることができます（表4.1）．mu[1]〜mu[20]には体重の事後分布に関する情報が入っており，meanの列が事後期待値（expected a posteriori; EAP）を表しています．これが「体重はこれぐらいだろうな」という推定値です．

表4.1　summary(fit)出力の抜粋

|  | mean | se_mean | sd | 2.50% | 25% | 50% | 75% | 97.50% | n_eff | Rhat |
|---|---|---|---|---|---|---|---|---|---|---|
| mu[1] | 69.840939 | 0.0050682 | 0.2025175 | 69.389546 | 69.736608 | 69.873241 | 69.950325 | 70.217336 | 1596.665 | 1.003155 |
| mu[2] | 69.487707 | 0.0139083 | 0.2428962 | 69.154226 | 69.310341 | 69.4243 | 69.620617 | 70.079894 | 304.99588 | 1.0072236 |
| mu[3] | 69.834026 | 0.0039709 | 0.1708787 | 69.491541 | 69.744794 | 69.8196 | 69.921795 | 70.195219 | 1851.8192 | 1.0019488 |
| mu[4] | 70.299586 | 0.0084643 | 0.2010669 | 69.82608 | 70.191354 | 70.344866 | 70.421947 | 70.637049 | 564.28001 | 1.0034427 |
| mu[5] | 70.458293 | 0.0123823 | 0.2357124 | 69.86745 | 70.343165 | 70.522289 | 70.613258 | 70.810031 | 362.37566 | 1.0050414 |
| ⋮ | ⋮ | ⋮ | ⋮ | ⋮ | ⋮ | ⋮ | ⋮ | ⋮ | ⋮ | ⋮ |
| mu[20] | 69.190371 | 0.0119544 | 0.2353475 | 68.799727 | 69.060041 | 69.137328 | 69.301641 | 69.783841 | 387.58245 | 1.008525 |
| sigma_u | 0.4274372 | 0.007163 | 0.1292498 | 0.1447657 | 0.3509742 | 0.43183 | 0.5064875 | 0.6848527 | 325.58751 | 1.0085742 |
| sigma_v | 0.2118425 | 0.0110087 | 0.1395914 | 0.0184103 | 0.1023604 | 0.1896605 | 0.2975606 | 0.542129 | 160.78363 | 1.0149337 |
| lp__ | 32.848705 | 1.6002865 | 13.704301 | 14.509933 | 23.690966 | 29.261601 | 38.379055 | 70.05248 | 73.33619 | 1.0503458 |

　また，2.5％の列と97.5％の列を見れば，95％確信区間がわかります．事後期待値と確信区間を図4.4に示します（実線は真の体重の推定値，濃い灰色の範囲は95％確信区間を表しています）．ベイズ統計では従来の統計学で一般的に使われる信頼区間（confidence interval）と区別して，**確信区間**（credible interval）が使われます．確信区間は信用区間またはベイズ信頼区間と呼ばれることもあります．信頼区間と確信区間は，名前は似ていますがその意味は異なります．信頼区間は「何度も同じサンプルサイズのデータをとると，真値が95％の確率で信頼区間内に入る」という非常にややこしい意味ですが，確信区間は「（そのモデルのもとでは）95％の確率でその範囲にパラメータの真値がある」区間と考えることができます．結果から，1日目の体重mu[1]の95％CIはCI=[69.4, 70.2]であることがわかります（信頼区間も確信区間もどちらも頭文字はCIですが，ここでは確信区間の意味で使っています）．

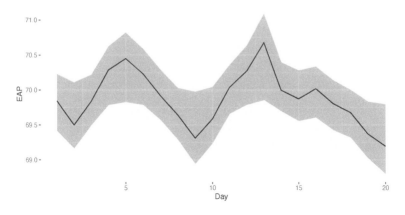

図4.4　体重推定値と95%確信区間

　また，表4.1の一番右列に示されている Rhat は MCMC の収束判断の指標の一つで，一般的には Rhat≤1.1のときに「収束した」と判断されることが多いです．今回は，状態 mu も，システムノイズ sigma_u も，観測ノイズ sigma_v も収束していました．

　試しに，sigma_u（日々の体重変化値の標準偏差）の事後分布を chain ごとに見てみましょう．どの chain でも似通った分布に収束していることがわかります（図4.5）．また，収束の様子を示した図4.6から，sigma_u はかなり早い段階で収束しており，ウォームアップ期間は2,000で十分だったことがわかります．図4.6の左側の灰色の部分(1〜2,000の区間)は，ウォームアップ期間と呼ばれるサンプルが使用されない区間です．収束とは，特定の「値」ではなく「分布」に収束することに注意してください．

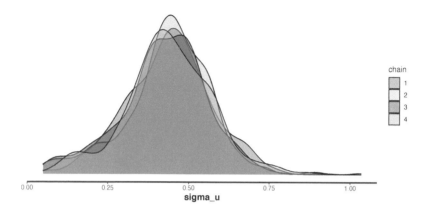

図4.5 sigma_uの事後分布

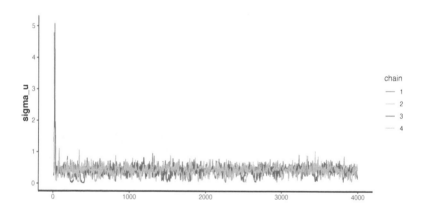

図4.6 sigma_uの収束の様子

Stan で は, `data`, `parameters`, `model` ブ ロ ッ ク の あ と に `generated quantities` というブロックを使うことがあります. これは, MCMCサンプルを使ったさまざまな計算をすることができるブロックです. 先ほど実行した`model1.stan`の中に`generated quantities`ブロックをつくり, `normal_rng()`という正規乱数を発生させる関数を書いて, 再度実行し, 将来10時点分の事後予測分布を求めてみましょう. このように, 状態空間モデルで将来の予測も簡単にできます (図4.7).

▎model1.stan 追加

```
generated quantities{
  vector[T+10] mu_all;
  vector[10] y_pred;
  mu_all[1:T] = mu;
  for(t in 1:10){
    mu_all[T+t] = normal_rng(mu_all[T+t-1], sigma_u);
    y_pred[t] = normal_rng(mu_all[T+t], sigma_v);
  }
}
```

▎4-1-4.R 追加

```
# 事後分布の密度
stan_dens(fit, pars="y_pred", separate_chains = FALSE)
```

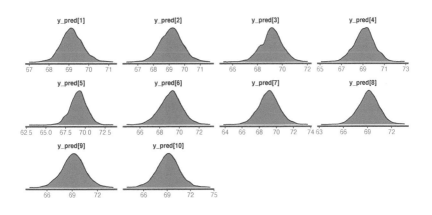

図4.7　21日目から30日目の体重の予測分布

## 📈 4.1.5 欠損値の補間と将来の予測は同じ

　状態空間モデルでは，たとえある時点 $t$ の観測値が存在しなくても，その時点 $t$ の状態を前後の観測値から推定することができます．観測値が存在しない時点が過去であれば，これは「データが欠損している」ということで

す．このときに状態や観測値を推定する作業を**補間**（interpolation）といい
ます．これができるのはシステムモデルで前後の状態の関係を記述してい
るからです．一方，未来の予測の場合は当然まだ観測値が手に入っていま
せんが，分析の考え方は補間とまったく同じです．欠損値の補間も将来の
予測も同じものとみなすことができます（図4.8）．

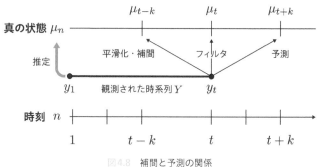

図4.8　補間と予測の関係

　実際に欠損値が含まれているデータを使って補間と予測をしてみます．
先ほど分析に用いた体重データと同じデータですが，日曜日だけは体重を
測るのをサボってしまったので，7番目と14番目のデータが欠損している
としましょう．

　Rでは欠損値を入力するときにNAを使いますが，StanにNAが入った配列
を渡すとエラーになってしまいます．そこで欠損値がある場合は，欠損値
の箇所に9999のように明らかに観測値とは違う値を入力しておき，.stan
ファイルの中でif()文による条件判定により欠損値処理を行います．こ
こでは10時点分の予測を行います（P=10と設定しています）．

　分析の結果，20日目以降の事後期待値を見てみると平らになっています
（図4.9）．20日目あたりでは体重はやや減少傾向にあったのですが，ロー
カルレベルモデルではトレンドや周期性などを考慮することができないた
め，このような予測結果になってしまいます．トレンドと周期性の扱い方
については次節で述べます．

**▌4-1-5.R**

```r
# 体重取型データ
Y <- c(69.9, 69.3, 69.8, 70.4, 70.6, 70.3, 9999, 69.6, 69.1, 69.5, ↵
 70.1, 70.3,71.0, 9999, 69.8, 70.1, 69.8, 69.7, 69.3, 69.1)
dat <- list(T=length(Y), P=10, Y=Y) # データはリスト型にする
# stanコードのコンパイル
model2 <- stan_model(file ="model2.stan", model_name="ssm2")
# 推定の実行
fit <- sampling(model2, data=dat, iter=4000, warmup=2000, thin=4, ↵
chains=4)
```

**▌model2.stan**

```stan
data {
  int T;     // サンプリング点数
  int P;     // 予測をしたい日数
  vector[T] Y;     // 観測値の時系列
}

parameters {
  vector[T+P] mu;     // 推定値μ
  real<lower=0> sigma_u;     // システムノイズ
  real<lower=0> sigma_v;     // 観測ノイズ
}

model {
  mu[2:(T+P)] ~ normal(mu[1:(T+P-1)], sigma_u);     // システムモデル
  for (i in 1:T){
    if(Y[i]!=9999){
      Y[i] ~ normal(mu[i], sigma_v);     // 観測モデル
    }
  }
}
```

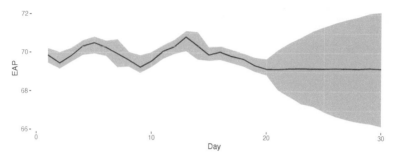

図4.9　model2の実行結果

# 4.2　観測値が連続量の場合

## ⚡ 4.2.1　状態空間モデルの基本的な書き方

**状態空間モデルを構成する要素**

　この章のはじめに述べたように，状態空間モデルでは「真の状態」を表すシステムモデル（状態方程式）と，その観測に関する観測モデル（観測方程式）という2つのモデルを組み合わせることで，直接観測することができないパラメータの推定を行います．システムモデルを考えるときに大切なのは，時系列データの捉え方です．第1章でも説明しましたが，時系列データは一般的にレベル成分，トレンド成分，季節成分，外因性成分に分解できると考えられています．

$$時系列データ ＝ レベル成分 ＋ トレンド成分$$
$$＋ 季節成分 ＋ 外因性成分 ＋ 誤差$$

　Stanで状態空間モデル式をつくる際は，これらの成分の時間的な振る舞いや事前分布に関するモデル（システムモデル）を，一つ一つ丁寧に`model`ブロックに記述していきます．それに加えて，観測値がどのようなものなのか（たとえば，連続量なのか，上限がある/ないカウントデータなのか，2値なのか）についてよく考えたうえで，真の状態が観測値にどのように反映されるか（観測モデル）もシステムモデルと同様に`model`ブロックに記述

します.

まず, 図4.10 のような仮想データを分析してみます. このデータでは, 時点 $t$ のレベル (値) とトレンド (傾き) は, 1時点前の $t-1$ でのレベル・傾きにそれぞれに影響されます. さらに, 周期が12時点の季節成分が加わっています. 季節成分自体も徐々に変化するように設定しています. まずはこのデータを,

**(1) レベルの変化のみを考慮したローカルレベルモデル**
**(2) レベルの変化に加えて傾きの変化も考慮したローカル線形トレンドモデル**
**(3) 季節成分を考慮したローカルレベルモデル**

の3つのモデルで分析してみます.

4-2-1.R

```
# 仮想データの作成
set.seed(1234)
N <- 100 # 期間

mu_0 <- 0 # 状態初期値
mu_T <- 0 # トレンドの平均値
sigma_O <- .1 # 観測ノイズの標準偏差
sigma_W <- .1 # システムノイズの標準偏差
sigma_T <- .1 # トレンドの標準偏差
mu <- numeric(N)

# 初期値

mu[1] <- mu_0
# 傾き
trend  <- rnorm(n = N-1, mean = mu_T, sd = sigma_T)
for(i in 2:N){
```

```
  mu[i] <- rnorm(n = 1, mean = mu[i-1] + trend[i-1] , sd = sigma_W)
}


# 周期成分を適当に作成しこれを季節成分とする
# 12ヵ月周期のフーリエ級数の第2調和まで考慮している
# 100ヵ月分の周期成分を作成
p <- numeric(N)
t <- 1:12
for(i in 1:2){
  p <- (runif(1)*2-1) * cos(i*t) + (runif(1)*2-1) * sin(i*t) + p
}

y <- rnorm(n = N, mean = mu+p, sigma_O)
ts.plot(y)

# リスト化
dat <- list(N=length(y), Y=y)
```

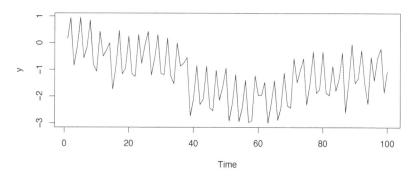

図4.10　分析用の仮想データ

## 〽 4.2.2 レベル・トレンド・季節成分をモデル化する方法

ローカルレベルモデル

4.1.4項で紹介したローカルレベルモデルは，最も単純な状態空間モデルです．ローカルレベルモデルはレベル要素がゆるやかに時間変化するモデル（ランダムウォークモデル）です．真の状態 $\mu_t$ は直前の $\mu_{t-1}$ に正規分布に従うノイズ $\varepsilon_t$ が加わった値になります．観測の際には，この $\mu_t$ に観測ノイズ $\xi_t$ が加わって観測されます．

$$\mu_t = \mu_{t-1} + \varepsilon_t, \quad \varepsilon_t \sim \mathcal{N}(0, \sigma_\varepsilon^2) \quad \text{（システムモデル）}$$
$$y_t = \mu_t + \xi_t, \quad \xi_t \sim \mathcal{N}(0, \sigma_\xi^2) \quad \text{（観測モデル）}$$

▎ model3.stan

```
data {
  int N;                              // サンプリング点数
  vector[N] Y;                        // 観測値の時系列
}

parameters {
  vector[N] mu;                       // 推定値μ
  real<lower=0> sigma_S;              // システムノイズ
  real<lower=0> sigma_O;              // 観測ノイズ
}

model {
  sigma_S ~ cauchy(0,5);              // 事前分布
  sigma_O ~ cauchy(0,5);              // 事前分布
  mu[2:N] ~ normal(mu[1:(N-1)], sigma_S);  // システムモデル
  Y ~ normal(mu, sigma_O);            // 観測モデル
}
```

## ローカル線形トレンドモデル

　ローカル線形トレンドモデルは，レベルの変化に加えて，傾き，すなわちトレンド自体もゆるやかに変化すると考えます．トレンドは回帰分析でいうところの回帰係数に相当します．トレンドは**ドリフト**(drift)と呼ばれることもあります．

$$\mu_t = \mu_{t-1} + v_t + \varepsilon_t, \quad \varepsilon_t \sim \mathcal{N}(0, \sigma_\varepsilon^2) \quad \text{（レベルに関するシステムモデル）}$$

$$v_t = v_{t-1} + \zeta_t, \quad \zeta_t \sim \mathcal{N}(0, \sigma_\zeta^2) \quad \text{（トレンドに関するシステムモデル）}$$

$$y_t = \mu_t + \xi_t, \quad \xi_t \sim \mathcal{N}(0, \sigma_\xi^2) \quad \text{（観測モデル）}$$

ローカルレベルモデルとローカル線形トレンドモデルの違いは，将来の予測をしてみるとはっきりわかります（図4.11）．ローカル線形トレンドモデルはトレンドを考慮しているため，ローカルレベルモデルよりも結果がなめらかに変化しています．また予測値が予測開始の直前の上昇トレンドを反映して右肩上がりになっています．

▌ model4.stan

```
data {
  int N;        // サンプリング点数
  vector[N] Y;  // 観測値の時系列
}

parameters {
  vector[N] mu;          // 推定値μ
  vector[N] v;           // トレンド
  real<lower=0> sigma_S; // システムノイズ（レベル）
  real<lower=0> sigma_V; // システムノイズ（トレンド）
  real<lower=0> sigma_O; // 観測ノイズ
}

model {
```

```
  sigma_S ~ cauchy(0,5);
  sigma_V ~ cauchy(0,5);
  sigma_O ~ cauchy(0,5);


  for(t in 2:N){
    mu[t] ~ normal(mu[t-1]+v[t-1], sigma_S);
    v[t] ~ normal(v[t-1], sigma_V);
  }


  Y ~ normal(mu, sigma_O);
}
```

## 季節成分を考慮したローカルレベルモデル

　多くの時系列データには周期的な変動を示す規則性があります．ポジティブな感情は朝にピークを迎えて昼間は低下しますし，新型コロナウイルスの新規感染者数は日曜日には少なくなります．冬になると悪化する季節性の気分障害もあります．このような周期的な変動は，その周期によらず季節成分と呼ばれます．

　心理学的な研究では，季節成分自体は興味の対象ではないことが多いので，あらかじめ決まった周期が認められることが想定できるなら，季節成分を考慮したうえで除去する必要があります．季節成分 $\gamma_t$ は以下の 2 つ目の式のようにモデル化されます．この式の意味は，時系列から長さ $S$ の区間（たとえば 12 ヵ月間）を抜き出すと，その区間の合計は平均が 0 で分散が $\sigma_\omega^2$ の正規分布に従う，という意味です．

$$\mu_t = \mu_{t-1} + \varepsilon_t, \quad \varepsilon_t \sim \mathcal{N}(0, \sigma_\varepsilon^2) \quad \text{（レベルに関するシステムモデル）}$$

$$\gamma_t = -\sum_{j=1}^{S-1} \gamma_{t-j} + \omega_t, \quad \omega_t \sim \mathcal{N}(0, \sigma_\omega^2) \quad \text{（周期 } S \text{ の季節成分に関するシステムモデル）}$$

$$y_t = \mu_t + \gamma_t + \xi_t, \xi_t \sim \mathcal{N}(0, \sigma_\xi^2) \quad \text{（観測モデル）}$$

事後分布は，季節成分を考慮することによってかなり確信区間が狭まっていることがわかります（図4.11）．

　3つのモデルの推定結果はそれぞれ異なっています．適切な分析モデルを選ぶのは分析者自身の仕事です．

▎model5.stan

```stan
data {
  int N;         // 時点数
  vector[N] Y;
}

parameters {
  vector[N] mu;
  vector[N] season;            // 季節成分
  real<lower=0> sigma_W;       // システムノイズ
  real<lower=0> sigma_S;       // 季節調整項12ヵ月分の合計のばらつき
  real<lower=0> sigma_O;       // 観測ノイズ
}

transformed parameters{
  vector[N] y_mean;
  y_mean = mu + season;
}

model {
  mu[2:N] ~ normal(mu[1:(N-1)], sigma_W);   // システムモデル
  for(t in 12:N)
    season[t] ~ normal(-sum(season[(t-11):(t-1)]), sigma_S);   // ↩
季節成分のシステムモデル
  Y ~ normal(y_mean, sigma_O);       // 観測モデル
}
```

▎4-2-1.R つづき

```
# Stanコードコンパイルと実行
```

```
model3 <- stan_model(file = "model3.stan", model_name="ssm3")
fit3 <- sampling(model3, data=dat, iter=4000, warmup=2000, thin=4, ↵
chains=4)


model4 <- stan_model(file = "model4.stan", model_name="ssm4")
fit4 <- sampling(model4, data=dat, iter=4000, warmup=2000, thin=4, ↵
chains=4)


model5 <- stan_model(file = "model5.stan", model_name="ssm5")
fit5 <- sampling(model5, data=dat, iter=4000, warmup=2000, thin=4, ↵
chains=4)
```

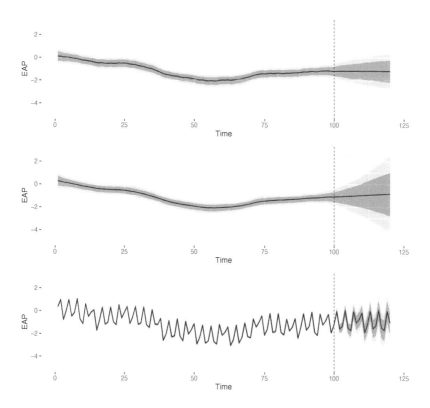

図4.11　ローカルレベルモデル（上）およびローカル線形トレンドモデル（中），季節要素を考慮したローカルレベルモデル（下）の予測平均値と確信区間．薄い灰色は80%確信区間，濃い灰色は50%確信区間．時点100以降は予測を行った場合を示しています．

## 〜 4.2.3 パネルデータの分析

3.6節で用いたラット12個体の10週間の体重記録データ（表4.2）を例に，パネルデータの分析例を紹介します．観測モデルがレベル1に，システムモデルがレベル2に対応します．まずは最も簡単な例（model6.stan）を示します．時点 $t$ における個体 $i$ の体重は $Y_{it}$，$U_{0i}$ は直接測定されないランダム効果（random effect），$\gamma_{00}$ は固定効果（fixed effect）です．

$$Y_{it} = \beta_{0i} + R_{it} \quad （レベル1）$$
$$\beta_{0i} = \gamma_{00} + U_{0i} \quad （レベル2）$$

ただし，

$$R_{it} \sim \mathcal{N}\left(0, \sigma_R^2\right), \quad U_{0i} \sim \mathcal{N}\left(0, \sigma_U^2\right)$$

表4.2　観測値行列 Y

| 1 | 2 | 3 | 4 | 5 | 6 | 7 | 8 | 9 | 10 | 11 | 12 |
|---|---|---|---|---|---|---|---|---|---|---|---|
| <dbl> | <dbl> | <dbl> | <dbl> | <dbl> | <dbl> | <dbl> | <dbl> | <dbl> | <dbl> | <dbl> | <dbl> |
| 240 | 225 | 245 | 260 | 255 | 260 | 275 | 245 | 410 | 405 | 445 | 555 |
| 250 | 230 | 250 | 255 | 260 | 265 | 275 | 255 | 415 | 420 | 445 | 560 |
| 255 | 230 | 250 | 255 | 255 | 270 | 260 | 260 | 425 | 430 | 450 | 565 |
| 260 | 232 | 255 | 265 | 270 | 275 | 270 | 268 | 428 | 440 | 452 | 580 |
| 262 | 240 | 262 | 265 | 270 | 275 | 273 | 270 | 438 | 448 | 455 | 590 |
| 258 | 240 | 265 | 268 | 273 | 277 | 274 | 265 | 443 | 460 | 455 | 597 |
| 266 | 243 | 267 | 270 | 274 | 278 | 276 | 265 | 442 | 458 | 451 | 595 |
| 265 | 238 | 264 | 274 | 276 | 284 | 282 | 273 | 456 | 475 | 462 | 612 |
| 272 | 247 | 268 | 273 | 278 | 279 | 281 | 274 | 468 | 484 | 466 | 618 |
| 278 | 245 | 269 | 275 | 280 | 281 | 284 | 278 | 478 | 496 | 472 | 628 |

▌model6.stan

```
data {
  int<lower=2> L;      // 観測点
  int<lower=1> N;      // 個体数
  vector[N] Y[L];      // 体重
}

parameters {
```

```
  real gamma;
  vector[N] beta;
  real<lower=0> sigma_R;
  real<lower=0> sigma_U;
}

model {
  // 事前分布
  gamma ~ normal(0,100);
  sigma_R ~ cauchy(0,5);
  sigma_U ~ cauchy(0,5);
  // 事後分布
  beta ~ normal(gamma, sigma_U);   // レベル2（システムモデル）

  for(i in 1:N)
    Y[,i]~normal(beta[i], sigma_R);   // レベル1（観測モデル）
}
```

　次は，経過日数を $X$ とし，経過日数の影響 $\beta_{1i}$ を推定する潜在成長曲線モデルの例 (model7.stan) です．$U_{0i}, U_{1i}$ は多変量正規分布に従います．

$$Y_{it} = \beta_{0i} + \beta_{1i}X_{it} + R_{it}$$
$$\beta_{0i} = \gamma_{00} + U_{0i}$$
$$\beta_{1i} = \gamma_{10} + U_{1i}$$

ただし，

$$R_{it} \sim \mathcal{N}(0, \sigma_R^2)$$
$$\begin{pmatrix} U_{0i} \\ U_{1i} \end{pmatrix} = \mathcal{N}\left[ \begin{pmatrix} 0 \\ 0 \end{pmatrix}, \begin{pmatrix} \tau_{00}^2 & \tau_{01} \\ \tau_{01} & \tau_{11}^2 \end{pmatrix} \right]$$

です．

**▌** model7.stan

```
data {
  int<lower=2> L;    // 観測点
  int<lower=1> N;    // 個体数
  real X[L];         // 時点
  vector[N] Y[L];    // 体重
}

parameters {
  vector[2] gamma;
  vector[2] beta[N];
  cov_matrix[2] Tau;
  real<lower=0> sigma_R;
}

transformed parameters{
  vector[N] yhat[L];
  for(j in 1:L)
    for(i in 1:N)
      yhat[j,i] = beta[i,1] +beta[i,2]*X[j];
}

model {
  gamma ~ normal(0,100);
  sigma_R ~ cauchy(0,5);

  for(i in 1:N){
    beta[i,] ~ multi_normal(gamma, Tau);
    Y[,i]~normal(yhat[,i], sigma_R);
  }
}
```

4-2-3.R

```
# model7.stanをキックするRコード
library(nlme)
library(ggplot2)
library(tidyr)
library(dplyr)
dat <-BodyWeight[BodyWeight$Diet==1|BodyWeight$Diet==2,]
dat <-dat[dat$Time != 44,]
dat$Time <- (dat$Time-1)/7
dat <- data.frame(dat)
dat %>% select(-Diet)  %>%
  pivot_wider(names_from = Rat, values_from = weight) %>%
  select(-Time) -> weight
# リスト化
dat <- list(N = ncol(weight), X=c(1:nrow(weight)), L =nrow(weight), Y = weight)
# stanコードコンパイルと実行
model7 <- stan_model(file ="model7.stan", model_name="ssm7")
fit <- sampling(model7, data=dat, iter=1000, warmup=500, thin=4, chains=4)
summary(fit)
```

## 4.2.4 多変量時系列の解析

これまで紹介した例では1変量の状態空間モデルを扱っていましたが，ここでは多変量の状態空間モデルの一例として，移動軌跡のモデリングを行う**Correlated Random Walk（CRW）モデル**を紹介します．近年は，GPSなどの普及によって人や動物の移動軌跡を比較的簡単に収集することができるようになりました．しかし，GPSはしばしば大きな観測ノイズが乗り，とんでもない場所に突然（データ上は）瞬間移動してしまうこともあります．CRWモデルは，強い観測ノイズが乗る移動軌跡データにも適用できる状態空間モデルなので，動物の位置ロガーデータの解析に用いられてきました[4-7]．

CRWモデルでは，位置$\alpha_t$は2次元のベクトル（緯度と経度）になるの

で, 太字で示しています. $v_t$ は速度ですが, これも2次元ベクトルです. 位置 $\alpha_t$ はレベルに, 速度 $v_t$ はトレンドに相当します. また, 速度ベクトル $v_t$ に回転行列 $R$ をかけることで, 速度ベクトルの向きの変化を考慮しています. これにより「個体がどちらかの方向に曲がっていきがち」といった特徴をモデル化することができます. また, $\gamma$ で減速しやすさを表現しています.

CRW モデルに従ってランダムに移動軌跡の仮想データを作成 (4-2-4.R) すると, 図4.12 (左) のようになります. 実際に観測される GPS データは, この移動軌跡に観測ノイズが乗ったものになります (図4.12 (中)). この観測データから CRW モデルに基づいて model8.stan で移動軌跡を推定したものが図4.12 (右) です. 観測された移動軌跡はガタガタしていますが, そこから指定された移動軌跡はなめらかです.

$$\alpha_{t+1} = \alpha_t + \gamma R v_t + \eta_t$$
$$y_t = \alpha_t + \varepsilon_t$$
$$\eta_t \sim \mathcal{N}(0, \Sigma_\eta)$$
$$\varepsilon_t \sim \mathcal{N}(0, \Sigma_\varepsilon)$$
$$\alpha_t = \begin{pmatrix} x_{1,t} \\ x_{2,t} \end{pmatrix}$$
$$R = \begin{pmatrix} \cos\theta & \sin\theta \\ -\sin\theta & \cos\theta \end{pmatrix}$$
$$v_t = \begin{pmatrix} x_{1,t} - x_{1,t-1} \\ x_{2,t} - x_{2,t-1} \end{pmatrix}$$

▌ 4-2-4.R

```
# 軌跡のシミュレーション
set.seed(9999)
N <- 50      # 時点数
gamma <- 0.95    # 速度にかかる係数
sigma_V <- 0.01    # 観測ノイズ
sigma_W <- 0.005   # システムノイズ
```

```r
degree <- 0.01  # 曲がる角度（ラジアン）
x <- y <- muX <- muY <- rep(NA, N)
# (RWモデルに基づく軌跡)
muX[1] <- muY[1] <- 0
muX[2] <- rnorm(1, muX[1], sigma_W)
muY[2] <- rnorm(1, muY[1], sigma_W)
for (t in 3:N){
  muX[t] <- rnorm(1, muX[t-1]
                     + gamma*((cos(degree)*(muX[t-1]-muX[t-2]))
                     - (sin(degree)*(muY[t-1]-muY[t-2]))), sigma_W)
  muY[t] <- rnorm(1, muY[t-1]
                     + gamma*((sin(degree)*(muX[t-1]-muX[t-2]))
                     + (cos(degree)*(muY[t-1]-muY[t-2]))), sigma_W)
}
# 観測値の生成
for (t in 1:N){
  x[t] <- rnorm(1,muX[t],sigma_V)
  y[t] <- rnorm(1,muY[t],sigma_V)
}
```

▌model8.stan

```stan
data {
  int<lower=3> N;  // 観測点
  vector[N] X;  // x座標
  vector[N] Y;  // y座標
}

parameters {
  vector[N] muX;  // x座標推定値
  vector[N] muY;  // y座標推定値
  real <lower=0,upper=1> gamma;
  real <lower=0> sigma_V;  // 観測ノイズ
  real <lower=0> sigma_W;  // システムノイズ（xy方向）
  real <lower=0,upper=1> theta;  // 角度（0～1）
```

```
}

transformed parameters {
  real<lower=-pi(), upper=pi()> degree;
  degree = (2*theta-1)*pi();
}

model {
  // 事前分布
  sigma_W ~ cauchy(0,5);
  sigma_V ~ cauchy(0,5);
  theta ~ beta(1,1);
  gamma ~ beta(1,1);
  muX ~ normal(0,100);
  muY ~ normal(0,100);
  // Correlated Random Walkモデル
    for (t in 3:N) {
        muX[t] ~ normal(muX[t-1] + gamma*((cos(degree)*(muX[t-1] ↵
- muX[t-2])) - (sin(degree)*(muY[t-1] - muY[t-2]))), sigma_W);
        muY[t] ~normal( muY[t-1] + gamma*((sin(degree)*(muX[t-1] ↵
- muX[t-2])) + (cos(degree)*(muY[t-1]- muY[t-2]))), sigma_W);
  }
  // 観測モデル
  X ~ normal(muX, sigma_V);
  Y ~ normal(muY, sigma_V);
}
```

▌4-2-4.R つづき

```
# リスト化
dat <- list(N = N, X =x, Y = y)
# Stanコードコンパイルと実行
model8 <- stan_model(file = "model8.stan", model_name="ssm8")
fit <- sampling(model8, data=dat, iter=4000, warmup=2000, thin=4, ↵
chains=4)
```

```
# 事後期待値 (EAP)
resultMCMC <- rstan::extract(fit)
muX_EAP <- apply(resultMCMC$muX,2,mean)
muY_EAP <- apply(resultMCMC$muY,2,mean)
par(mfrow=c(1,3))
plot(muX,muY,type="l", main="true trajectory")
plot(x,y,type="l", main="observed trajectory")
plot(muX_EAP , muY_EAP,type="l", main="estimated trajectory")

sprintf("gamma: %.3f (95%%CI= (%f, %.3f] )",
    summary(fit)$summary["gamma","50%"],
    summary(fit)$summary["gamma","2.5%"],
    summary(fit)$summary["gamma","97.5%"]
    )
sprintf("sigma_V: %.3f (95%%CI=[%.3f,%.3f])",
    summary(fit)$summary["sigma_V","50%"],
    summary(fit)$summary["sigma_V","2.5%"],
    summary(fit)$summary["sigma_V","97.5%"]
    )
sprintf("sigma_W: %.3f (95%%CI=[%.3f,%.3f])",
    summary(fit)$summary["sigma_W","50%"],
    summary(fit)$summary["sigma_W","2.5%"],
    summary(fit)$summary["sigma_W","97.5%"]
    )
sprintf("theta: %.3f (95%%CI=[%.3f,%.3f])",
    (((summary(fit)$summary["theta","50%"])*2-1) *pi) ,
    (((summary(fit)$summary["theta","2.5%"])*2-1) *pi) ,
    (((summary(fit)$summary["theta","97.5%"])*2-1) *pi)
    )
```

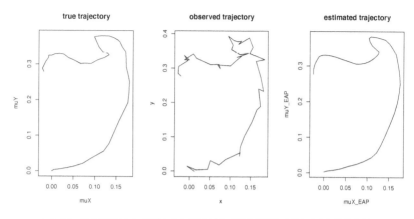

図4.12　真の座標（左），観測された座標（中），CRWモデルで推定された軌跡（右）

　仮想データを作成したときのパラメータは以下のとおりでした．実際に推定された以下の結果と見比べると，おおむね正しく推定できていたことがわかります．

▎4-2-4.R（抜粋）

```
gamma <- 0.95   # 速度にかかる係数
sigma_V <- 0.01   # 観測ノイズ
sigma_W <- 0.005   # 状態ノイズ
degree <- 0.01   # 曲がる角度（rad）
```

```
'gamma: 0.955 (95%CI= (0.832705, 0.998] )'
'sigma_V: 0.011 (95%CI=[0.009,0.013])'
'sigma_W: 0.004 (95%CI=[0.003,0.008])'
'theta: -0.003 (95%CI=[-0.084,0.098])'
```

# 4.3 観測値が離散量の場合

## 4.3.1 ベルヌーイ分布・二項分布・ポアソン分布の使い分け

ARIMAモデルなどの古典的な時系列分析では，残差が正規分布に従うことが前提となっています．しかし，現実には観測値はデータの生成プロセスに応じてさまざまな分布を示します．観測値が2値データなのか，カウントデータ（0以上の整数）なのか，連続量なのかで分析に適した確率分布は異なります．状態空間モデルであれば，適切な確率分布を設定することで，さまざまなタイプの観測値を扱うことができます．観測値がどのような確率分布で説明できるのかを考え，それを観測モデルに反映すればよいのです．

たとえば，観測値が1か0のデータであればベルヌーイ分布を選びます．上限があらかじめ決まっているカウントデータであれば二項分布を，上限のないカウントデータであればポアソン分布を選びます．他にもさまざまな分布がありますが，ここでは二項分布，ポアソン分布に従うデータの分析を説明します．表4.3に対応関係を示します（カウントデータの分析には「負の二項分布」が使われることもあります）．

表4.3　観測値の種類とリンク関数の関係

| 観測値のタイプ | 分布 | Stanでの観測値の記述 | リンク関数 | リンク関数の逆関数 | Stanでの逆関数 |
| --- | --- | --- | --- | --- | --- |
| 0/1の2値データ | ベルヌーイ分布 | y ~ bernoulli(p) | ロジット関数 | ロジスティック関数 | inv_logit() |
| 上限がある0以上の離散値 | 二項分布 | y ~ binomial(N, p) | ロジット関数 | ロジスティック関数 | inv_logit() |
| 上限のない0以上の離散値 | ポアソン分布 | y ~ poisson(lambda) | 対数関数 | 指数関数 | exp() |
| $[-\infty, +\infty]$の連続値 | 正規分布 | y ~ normal(mu, sigma) | ない（恒等関数） | ない（恒等関数） | ない（恒等関数） |

状態空間モデルのシステムモデル（状態方程式）では，状態は

$[-\infty, +\infty]$ の連続量になります．状態を上限のあるカウントデータの解析で用いられる二項分布に対応させるためには，$[0, 1]$ の範囲の値しかとらない確率 $p$ に変換してやる必要があります（図4.13）．このときに状態と観測値の関係を結びつける関数が**リンク関数** (link function) です．

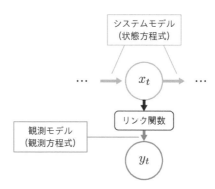

図4.13　リンク関数の役割

　二項分布のリンク関数には**ロジット関数** (logit function) が使われます．状態を $\mu$ としたとき，確率 $p$ は，左辺のロジット関数を使って以下のような関係にあると考えます．

$$\log \frac{p}{1-p} = \mu \quad （ロジット関数）$$

ロジット関数を逆関数にすると，$\mu$ と $p$ の関係は以下のように書き直してやることができます．これは**標準ロジスティック関数** (standard logistic function) と呼ばれる関数です．

$$p = \frac{1}{1 + e^{-\mu}} \quad （標準ロジスティック関数）$$

　ロジスティック関数は図4.14のような形の関数です．状態 $\mu$ が0のときは確率 $p = 0.5$ になります．$\mu$ が大きくなるほど $p$ の値も大きくなりますが，1を超えることはありません．このように，リンク関数の逆関数に状態 $\mu$ を入力すれば，目的とする確率分布で使用できる値に変換することが

できます.

4-3-1.R

```
curve(1/(1 + exp(-x)),-5,5,main="standard logistic function", xlab ↩
= expression(mu), ylab="p")
```

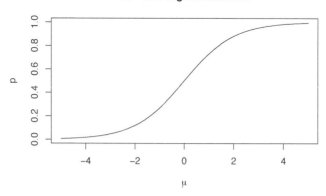

図4.14 標準ロジスティック関数

## 📈 4.3.2 観測値が二項分布に従うモデル

前項で説明したロジスティック関数を用いて，上限のあるカウントデータの分析をしてみましょう．学生の授業の出席率が低いことに悩まされている先生もいるかもしれません．ここでは，カウントデータである出席回数と出席確認回数から，出席意欲 $\mu$ の変化を推定してみましょう（出席意欲という概念の妥当性についてはいったん横においておきます）．出席意欲 $\mu$ と出席確率 $\theta$ の関係は以下のロジスティック関数で記述できるとします．

$$\theta = \frac{1}{1 + e^{-\mu}}$$

ある日 $t$ にある学生が履修している授業で出席確認が行われた回数を $N_t$，当該学生が出席した回数を $Y_t$ として，出席意欲 $\mu_t$ を求めます．毎

日の出席確認回数と出席数は図4.15のようなものであったとします.

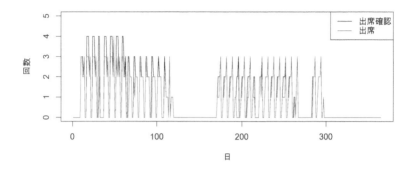

図4.15　履修している科目における毎日の出席確認回数(黒線)と実際の出席回数(赤線)(1年分の仮想データ)

　ここで,出席意欲 $\mu_t$ は前日の出席意欲 $\mu_{t-1}$ と関連していると考えます.大学にはGWや夏休み,正月休みがありますが,その間も(出席確認によって観測されることはないものの)授業への出席意欲は連続的に変化していると考えます.また,出席確率 $\theta_t$ は出席意欲からリンク関数で自動的に決まり,出席回数 $Y_t$ は二項分布に従うと考えます.

$\mu_t \sim \mathcal{N}(\mu_{t-1}, \sigma^2)$ 　(システムモデル)

$\theta_t = Logit^{-1}(\mu_t)$ 　(ロジットリンク関数の逆関数)

$Y_t \sim Binomial(N_t, \theta_t)$ 　(観測モデル:二項分布)

model9.stanの transformed parameters ブロックの theta = inv_logit(mu); の部分がロジスティック関数で,出席意欲 $\mu$ と出席確率 $\theta$ の関係を記述している箇所です.図4.16(左)から,前期終了直前に持ち直した出席意欲が,夏休みの間に徐々に低下して,後期開始を迎えていることがわかります.また,夏休みや春休みには観測値がないため確信区間が広くなっています.

▌model9.stan

```
data{
```

```
  int N;      //
  int Attend[N];   //
  int Check[N];   //
}

parameters{
  vector[N] mu;
  real<lower=0> sigma;
}

transformed parameters {
  vector<lower=0, upper=1>[N] theta;   //
  theta = inv_logit(mu);   //
}

model{
  sigma ~ cauchy(0,5);
  for (i in 2:N)
    mu[i]~normal(mu[i-1], sigma);
  for(i in 1:N)
    Attend[i] ~ binomial(Check[i], theta[i]);
}
```

▌4-3-2.R

```
check <- c(0,0,0,0,0,0,0,0,3,…中略…,0,0,0)
attend <- c(0,0,0,0,0,0,0,0,3,…中略…,0,0,0)
dat <- list(N=length(check), Attend = attend, Check = check)
model9 <- stan_model(file = "model9.stan", model_name="ssm9")
fit <- sampling(model9, data=dat, iter=4000, warmup=2000, thin=4, ↵
chains=4)
resultMCMC <- rstan::extract(fit)
#
theta50 <- apply(resultMCMC$theta,2,median)
```

```
thetaLower95 <- apply(resultMCMC$theta,2,function(x) quantile(x, ↵
0.025))  # 下側2.5%
thetaUpper95 <- apply(resultMCMC$theta,2,function(x) quantile(x, ↵
0.975))  # 上側2.5%
```

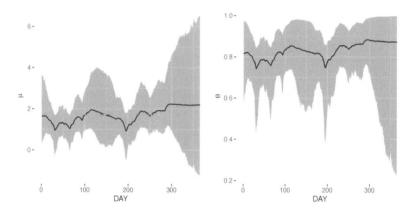

図4.16　出席意欲 $\mu$ の事後期待値（EAP）（左）と出席率 $\theta$ の事後中央値（MED）（右），および95%
確信区間

### 4.3.3　観測値がポアソン分布に従うモデル

　次は，行動の生起回数データのように上限のないカウントデータの時系
列分析で介入効果の検証を行ってみます．今回扱うデータは以下のような
特徴を持っているとします（図4.17）．

- 期間ごとの行動の生起回数をカウントしたデータ
- 60時点のうち後半30時点には介入が入る
- 介入の効果は介入して，すぐ現れて介入をやめると消える
- 状態 $\mu$ はランダムウォークする（直前の時点に影響される）
- 12時点の周期を持つ季節成分が影響する
- 介入に効果があるか否かに興味がある

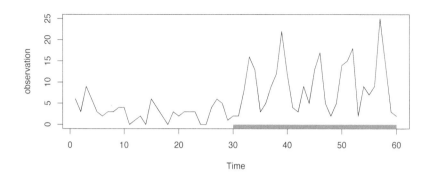

30日目から介入のある仮想カウントデータ(60日). 下線部分が介入期.

　上限のないカウントデータはポアソン分布に従うと考えることが多いです. ポアソン分布とは, 一定期間に平均 $\lambda$ 回発生するようなイベントが $y$ 回発生する確率 $p(y \mid \lambda)$ を表す分布です.

$$p(y \mid \lambda) = \frac{\lambda^y e^{-\lambda}}{y!}$$

この $\lambda$ が介入によってどのように変化するかを状態空間モデルで分析してみます. 状態 $\mu$ はランダムウォークに従うと考えます. さらにこれに季節成分 $season$ と, 介入があった日のみ介入効果 $k$ が加わります(システムモデル). これとポアソン分布のパラメータである $\lambda$ が対数リンク関数で結ばれています.

$$\mu_t \sim \mathcal{N}(\mu_{t-1}, \sigma^2) \quad \text{(システムモデル)}$$
$$\lambda_t = \exp(\mu_t + \text{介入効果}\, k + \text{季節成分}\, season) \quad \text{(対数リンク関数}$$
$$\text{の逆関数)}$$

$$Y_t \sim Poisson\,(\lambda_t) \quad \text{(観測モデル)}$$

```
data {
  int N;    // サンプリング点数
  int Y[N];    // 観測値の時系列
  vector[N] IV;    // 介入の有無（0:介入なし、1:介入あり）
}
parameters {
  vector[N] mu;    // μ
  vector[N] season;    // 季節調整項
  real<lower=0> sigma_S;    // μのシステムノイズ
  real<lower=0> sigma_season;    // 季節成分のノイズ
  real k;    // 介入効果の係数
}
transformed parameters{
  vector[N] lambda;
  lambda =  exp(mu + season + k*IV);
}
model {
  for (t in 2:N)
    mu[t] ~ normal(mu[t-1], sigma_S);
    // 季節成分：11カ月前から1カ月前までの合計値に -1をかけた値にな ⏎
    る と考える
  for (i in 12:N)
    season[i] ~ normal(-sum(season[(i-11):(i-1)]), sigma_season);
    // 観測モデル
  Y ~ poisson(lambda);
}
generated quantities {
  int y_pred[N];
  y_pred = poisson_rng(exp(mu + k*IV));
}
```

　分析の結果，介入効果$k$の事後分布は正の領域にあるため，このことか
ら，介入には効果があることがわかります（図4.18）．また，予測分布y_

predを見れば，介入前後で行動の生起回数にどの程度変化があったのかがわかります（図4.19）．30日目でPREDの値が高くなっており，介入の効果が見てとれます．

▌4-3-3.R（抜粋）

```
stan_dens(fit, pars="k", separate_chains = FALSE) // 事後分布の密度
sprintf("k: %.3f (95%%CI= (%.3f, %.3f] )",
    summary(fit)$summary["k","50%"],
    summary(fit)$summary["k","2.5%"],
    summary(fit)$summary["k","97.5%"]
    )
```

'k: 1.163 (95%CI= (0.537, 1.733] )'

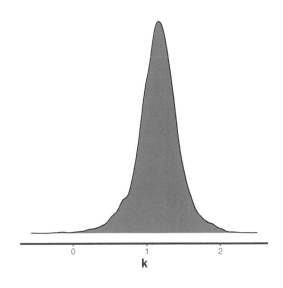

図4.18　介入効果 $k$ の事後分布

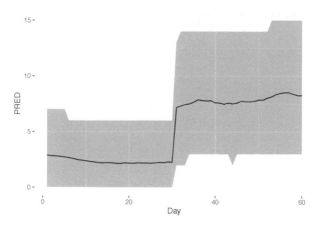

図4.19　季節調整済行動生起回数の予測値 y_pred

# 4.4 状態が離散的であるモデル

### 4.4.1 Stanで離散値をパラメータとする難しさ

　たとえば，抗うつ薬を飲み始めてしばらくは効果がないものの，数週間後のある日から行動にさまざまな変化が現れたり，友達以上恋人未満だった関係がある日を境に変わって親密になったりよそよそしくなったりというように，人の行動は突然それまでとはまったく異なるモードに変化することがあります．このようなモード――**レジーム** (regime) の切り替わりは直接観測することができませんが，データから切り替わりを推定することはできます．ここではレジームが離散的に切り替わるような現象を扱う方法を述べます．

　ただ，残念なことにStanは離散パラメータを扱うことができません．ここでは離散的にレジームが変化する様子を分析するための2つの方法を紹介します．1つ目はなんとかうまく離散値パラメータを使わずに書く方法です（変化点モデル）．2つ目は周辺化消去というテクニックを使う方法です（隠れマルコフモデルの事例）．

## 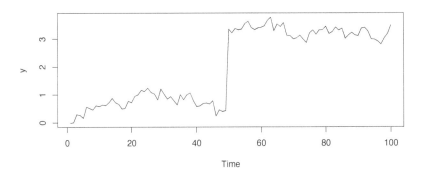 4.4.2 変化点モデル

レジームの変化を捉えるとき，**変化点**（change point）モデルで分析するのが一つの方法です．変化点検出は，時系列データに離散的な変化が表れた箇所を見つけ出す方法の総称で，サーバへの攻撃や障害の予兆を見つけ出す異常検知の分野でしばしば用いられます．ここでは，処置の効果が未知の遅延期間をおいて現れるデータを想定して分析をしてみます（図4.20）．model11.stan では，変化点 $cp$ が訪れると，その後は効果 $diff$ が加わるというモデルを考えます．何日目に変化が訪れるか，そしてその変化はどの程度なのかを推定してみましょう．変化点 $cp$ の前か後かの条件判定を，三項演算子（? と :）を使って行っています．以下の式は，時点 $t$ が $cp$ 以上になると $\mu$ に $diff$ が加算されるモデルを示しています．

$$\delta_t = \begin{cases} diff & \text{if } cp \leq t \\ 0 & \text{otherwise} \end{cases}$$
$$\mu_t \sim \mathcal{N}(\mu_{t-1}, \sigma_w^2)$$
$$Y_t \sim \mathcal{N}(\mu_t + \delta_t, \sigma_o^2)$$

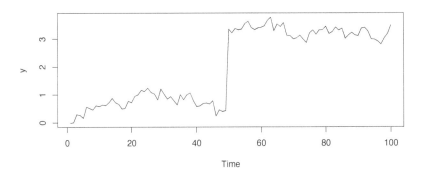

図4.20　50日目前後に効果が現れる仮想データ

▍model11.stan

```
data {
  int N;
  vector[N] Y;
```

```
}

parameters {
  vector[N] mu;
  real<lower=0> sigma_W;
  real<lower=0> sigma_O;
  real diff;   // 効果
  real<lower=1, upper=N> cp;  // 変化点
}

transformed parameters {
  vector[N] mu1;
  for (t in 1:N)
    // 三項演算子による条件分岐
    mu1[t] = mu[t] + ((cp < t) ? diff : 0);
}

model {
  sigma_W ~ cauchy(0,5);
  sigma_O ~ cauchy(0,5);

  for (t in 2:N){
    mu[t] ~ normal(mu[t-1], sigma_W);
  }
  Y ~ normal(mu1, sigma_O);
}
```

　図4.21は変化点 $cp$ の事後分布です．49日目と50日目の間に変化点が
あったことがわかります．

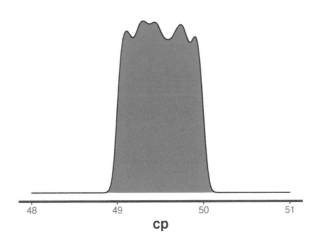

48　　　　　49　　　　　50　　　　　51

**cp**

図4.21　効果が現れるまでの日数 (cp) の事後分布

**隠れマルコフモデル**

状態が離散的に変化するモデルを**レジームスイッチングモデル**（regime switching model）と呼びます．特にレジームが**マルコフ連鎖**（Markov chain）と呼ばれる離散型の確率過程に従うと考えるモデルはマルコフ転換モデルと呼ばれます．音声認識に使われる**隠れマルコフモデル**（hidden Markov model; **HMM**）はこの一種です．レジームがマルコフ連鎖で切り替わるというのは，図4.22のようなイメージです．

ある時刻 $t-1$ で Regime 1 だった場合，時刻 $t$ のときは 0.8 の確率で同じ Regime 1 になり，0.1 の確率で Regime 2, Regime 3 になるというように，次の状態は1つ前の状態からしか決まらないというモデルが1次のマルコフモデルです．HMM では，レジームスイッチングがマルコフ連鎖に従って生じると考えます．また，レジームごとにレベルなどのパラメータが決まっており，それに観測ノイズが乗った値が観測されたと考えます．

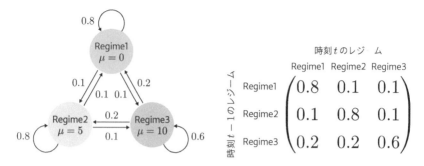

$$\begin{array}{cc} & \text{時刻}\,t\,\text{のレジ ―ム} \\ & \begin{array}{ccc} \text{Regime1} & \text{Regime2} & \text{Regime3} \end{array} \\ \begin{array}{c} \text{Regime1} \\ \text{Regime2} \\ \text{Regime3} \end{array} & \begin{pmatrix} 0.8 & 0.1 & 0.1 \\ 0.1 & 0.8 & 0.1 \\ 0.2 & 0.2 & 0.6 \end{pmatrix} \end{array}$$

図4.22 レジームのスイッチと遷移確率行列

4 4 3.Rでは，3つのレジームがある確率で遷移する仮想データをつくっています．観測されない潜在変数は，Regime 1のときは0に，Regime 2のときは5に，Regime 3のときは10の値になり，実際にはそこに観測ノイズが加わって観測値が得られるとします．図4.23の赤丸は，ある時刻にRegimeが1，2，3のどれであるかを示しています．また，実線はその時刻の観測値です．

▎4-4-3.R

```
# 仮想データの作成
set.seed(1234)
N <- 50  # 50時点のデータを作成します
# 仮想データの遷移確率
P <- matrix(c(0.8, 0.1, 0.2,
              0.1, 0.8, 0.2,
              0.1, 0.1, 0.6), ncol = 3)
# レジームごとの潜在変数の値
mu <- c(0, 5.0, 10.0)
# レジームごとの観測ノイズ
sigma <- c(1.0, 1.0, 1.0)
# 仮想データの作成
y <- z <- rep(NA, N)
# レジームの遷移
z[1] <- sample(x=c(1,2,3), size=1, replace = T, prob=c(1/3,1/3,1/3))
```

```
for (i in 2:N){
  z[i] <- sample(x=c(1,2,3), size=1, replace = T, prob=P[z[i-1], ])
}
# 観測ノイズを加えて観測値を生成する
for(i in 1:N)
  y[i] <- rnorm(1, mu[z[i]], sigma[z[i]])
```

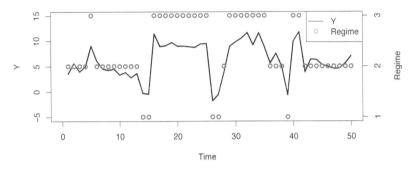

図4.23　状態（赤○）と観測値（折れ線）の関係（仮想データ）

　隠れマルコフモデルで，この観測値から観測できないレジームを推定します．model12.stanでこの仮想データを分析してみましょう．model12.stanでは，離散パラメータを扱うためにmodelブロックで周辺化消去というテクニックを使っています（そのためにtarget +=という特殊な書き方をしています[4-2]）．遷移確率やレベルなどのパラメータ推定を行ったあとに，generated quantitiesブロックで各時点のレジームの推定を行っています．レジームの推定には動的計画法の一種である**ビタビ・アルゴリズム**（Viterbi algorithm）という方法を使っています．図4.24の結果を見ると，真のレジーム（黒線）と推定されたレジーム（赤線）はほぼ一致しており，おおむね正しくレジームを推定できていたことがわかります．

▌model12.stan

```
data {
  int<lower=1> K;  // 状態の個数
```

```stan
  int<lower=1> N;   // 時点の数
  real Y[N];   // 観測値
  vector<lower=0>[3] alpha;   // 遷移確率の初期値
}
parameters {
  simplex[K] theta[K];   // 遷移確率行列
  ordered[K] mu;   // muと状態kの対応関係がchainごとに異なるのを防 ↵
ぐためordered型で宣言
  vector<lower=0,upper=100>[K] sigma;
}
model {
  real acc[K];
  real gamma[N, K];
  // 事前分布
  for (k in 1:K)
    theta[k] ~ dirichlet(alpha);
  mu ~ normal(0, 100);
  sigma ~ cauchy(0,5);

  // 尤度
  for (k in 1:K)
    gamma[1, k] = normal_lpdf(Y[1] | mu[k], sigma[k]);

  for (t in 2:N) {
    for (k in 1:K) {
      for (j in 1:K)
        acc[j] = gamma[t-1,j]+log(theta[j, k])+normal_lpdf(Y[t] | ↵
mu[k], sigma[k]);
      gamma[t,k] = log_sum_exp(acc);
    }
  }
  target += log_sum_exp(gamma[N,]);
}
// ビタビ・アルゴリズム
```

```
generated quantities {
  int<lower=1, upper=K> y_star[N];
  real log_p_y_star;


  {
    int back_ptr[N,K];
    real best_logp[N,K];
    real best_total_logp;


    for (k in 1:K)
      best_logp[1,k] = normal_lpdf(Y[1] | mu[k], sigma[k]);
    for (t in 2:N) {
      for (k in 1:K) {
        best_logp[t,k] = negative_infinity();
        for (j in 1:K) {
          real logp;
          logp=best_logp[t-1,j]+log(theta[j,k])+normal_lpdf(Y[t] ↵
|mu[k], sigma[k]);
          if (logp > best_logp[t,k]) {
            back_ptr[t,k] = j;
            best_logp[t,k] = logp;
          }
        }
      }
    }
    log_p_y_star = max(best_logp[N]);


    for (k in 1:K)
      if (best_logp[N,k] == log_p_y_star)
        y_star[N] = k;
    for (t in 1:(N - 1))
      y_star[N - t] = back_ptr[N-t+1, y_star[N-t+1]];
  }
}
```

```
# リスト化
dat <- list(K=3,
        N=N,
        Y=y,
        alpha =c(1/3, 1/3, 1/3)
)

# Stanコード コンパイルと実行
model12 <- stan_model(file = "model12.stan", model_name="hmm")
fit <- sampling(model12, data=dat, iter=6000, warmup=3000, thin=5, ⏎
chains=4)
resultMCMC <- rstan::extract(fit)

# 最頻値を求める関数
statmode <- function(x) {
  names(which.max(table(x)))
}
state <- apply(resultMCMC$y_star,2,statmode)

# 作図（黒線が真の状態，赤線が推定された状態）
ts.plot(as.ts(z), as.ts(state), col=c(1:2))
```

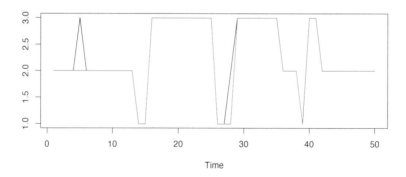

図4.24 状態変化の推定（黒線：仮想データの真のレジーム, 赤線：HMMによる推定結果）

## 4.5 モデル選択

### 4.5.1 WAIC

一般に，ベイズ統計ではWAICやWBICなどの情報量規準でモデル選択することができますが，状態空間モデルや隠れマルコフモデルでは，データの独立性がないためWAICなどの情報量規準を適用できないという指摘もあります（たとえば，ベイズ統計の標準的教科書である『BDA3』7.2節[4-8]）．一方で，WAIC, WBICが時系列データのモデル選択でも用いられているという実態もあります[4-9]．計算上，WAICは{loo}パッケージのwaic()関数を使えば以下のように求めることができます．

▌4-5-1.R

```
N=100
Y= cumsum(rnorm(N)) # ランダムウォークの時系列を生成
# リスト化
dat <- list(N=N, Y=Y)
# Stanコードコンパイルと実行
model13 <- stan_model(file = "model13.stan", model_name="ssm13")
fit <- sampling(model13, data=dat, iter=4000, warmup=2000, thin=4, ⤸
chains=4)
library(loo)
waic(extract_log_lik(fit))$estimates
```

▌model13.stan

```
data {
  int N;       // サンプリングの点数
  vector[N] Y; // 観測値の時系列
}

parameters {
  vector[N] mu; // 推定値μ
  real<lower=0> sigma_S; // μのシステムノイズ
```

```
    real<lower=0> sigma_O;    // 観測ノイズ
}


model {
  // システムモデル
  for(t in 2:N){
    mu[t] ~ normal(mu[t-1], sigma_S);
  }

  // 観測モデル
  Y ~ normal(mu, sigma_O);
}

generated quantities{
  real log_lik[N];
  for(i in 1:N){
    log_lik[i] = normal_lpdf(Y[i]| mu[i], sigma_O);
  }
}
```

## 〰 4.5.2 時系列分割による交差検証

　未知のデータに対する予測性能が高いモデルを選択するために，**交差検証** (cross-validation) という手法がよく用いられます．たとえば，よく用いられる $K$ **- 分割交差検証** (K-fold cross-validation) では，データを $K$ 個のサブデータに分割し，$K-1$ 個のサブデータ（訓練セット）からモデルを構築します．推定されたモデルの予測精度を，残りの1つのサブデータ（検証セット）で検証します．予測精度の指標としてよく用いられるのは残差の**平均平方二乗誤差** (root mean squared error; **RMSE**) や**平均二乗誤差** (mean squared error; **MSE**) です．

　しかし，**時系列データの交差検証** (time series split cross-validation) では一般的な交差検証とは異なる手続きがとられます．未来のデータを使って過去の予測を行うことは，不当に予測精度が高い（しかし汎化性能は低

い) モデルの選択につながるからです. 時系列データの交差検証では図4.25のように, (1) 訓練セットを徐々に追加していく方法や, (2) 訓練・検証用の窓を移動する方法がとられます.

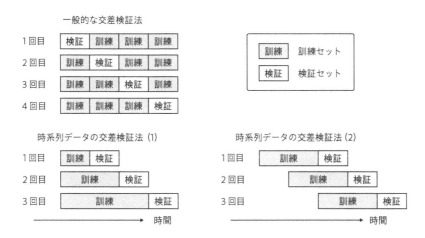

図4.25　時系列データの交差検証

　交差検証用に時系列データを分割する際には {rsample} パッケージを使うと便利です. rolling_origin() 関数を使うと, 訓練データと検証データを分割することができます. 標準データセットの AirPassengers (144 ヵ月分の飛行機乗客数) で交差検証用のデータを作成してみましょう. 訓練セットを徐々に追加する図4.25の (1) の方法を行う場合は, rolling_origin() 関数の cumulative = TRUE にします. (2) の方法でデータを分割する場合は FALSE (デフォルト) にします. これで交差検証に必要な訓練セットと検証セットを用意することができました. あとは通常の交差検証と同様に RMSE などを求めてください.

▌4-5-2.R

```
library(rsample)
df.cv <- rsample::rolling_origin(
  data.frame(AirPassengers),
  # 最初の訓練用期間を24ヵ月とする
```

```
  initial = 24,
  # 検証用期間を12ヵ月とする
  assess = 12,
  # スライドを12ヵ月とする(0のときはスライド1ヵ月)
  skip = 11,
  # TRUE：交差検証法(1)の方法，FALSE：交差検証法(2)の方法
  cumulative = T
)
analysis(df.cv$splits[[1]])   # 訓練用データセットの1つ目
assessment(df.cv$splits[[1]]) # 検証用データセットの1つ目
```

# 5 時系列データ同士の<br>関係の評価

## 5.1 時系列データ同士の類似度

　ここまでは主に単一の時系列データの分析について扱ってきましたが，この章では複数の時系列データの類似度（データ同士が似ている度合い）を分析する手法について解説するとともに，その応用事例として時系列クラスタリングなどを紹介します．時系列同士の類似度の評価にはさまざまな手法があり，目的によって使うべき方法が異なります．

　類似度と関連する概念に**距離**（distance）があります．距離は離れている度合いを意味するので，類似度の低さ（非類似度）と考えることができます（厳密に言えば距離の定義から外れる非類似度の指標もあります）．類似度や距離の指標には多くの種類があります．時系列クラスタリングを行う{Tsclust}パッケージ(ver. 1.3.1)だけでも21種類もの時系列データ間の類似度（非類似度）の評価手法が実装されていますが，大まかには以下のとおりです．

- **相関係数とその拡張**
  いわゆるピアソンの積率相関係数 $r_{xy}$ は時系列の類似度評価でもしばしば使われます．$d_{xy} = 1 - r_{xy}$ と相関が低いほど値が大きくなるように変換することで，$d_{xy}$ を非類似度として扱うこともあります．
- **ユークリッド距離とその拡張**
  時系列を時点ごとに一対一で対応させて平均距離を求める方法です．また，データの順番を重視した動的時間伸縮(DTW)距離，フレシェ距離などはユークリッド距離を拡張したものといえます．
- **周波数領域での類似度**
  時系列データに対して周波数領域の特徴を取り出し，それらの類似度を評価する方法です．自己相関関数(ACF)，ピリオドグラム間の距離を求める方法や，離散ウェーブレット変換，コヒーレンスなどの指標が含まれます．波の

位相差を評価するものもあります.

- **時系列モデル当てはめの結果に基づく評価法**

各時系列にARIMAや隠れマルコフモデルなどの時系列モデルを当てはめ，それらのモデル間の類似度を比較する方法もあります．たとえば，複数の時系列それぞれに対して適切なARIMAモデルを当てはめ，そのパラメータ間の距離を非類似度とする方法です.

## 5.2 相互相関

　時系列データ同士の類似度を評価する際に**ピアソンの積率相関係数**（Pearson's correlation coefficient）が使われることがしばしばあります．この際，両者の間に適切な長さの時間的なずれ（ラグ）を設定することは分析の重要なステップです．適切なラグの長さは，理論的に決定されることもありますし，先行研究に基づいて決定されることもありますが，データ間の関係から見出すこともできます．たとえば，相互作用の研究で2者の相互影響関係の全体像をまず把握したい場合に，**ラグ相互相関**（time lagged cross correlation）で2者の相関関係を視覚的に理解することが有用です．2つの時系列データの一方を前後にずらして相関係数が最も高くなるラグを調べることで，2者の動作のうちどちらがどの程度先行するのかを調べることができ，影響関係を知る手がかりとなります.

　例として，臨床対話中のクライエントとセラピストの身体動作の大きさの関係を検討してみます．データは10分間の臨床対話のビデオ（25フレーム/秒）中の，クライエント，セラピスト双方の体の動きの大きさをMotion Energy Analysisという方法で評価したものです[5-1, 5-2]（図5.1（左））．まず，両者の体の動きの相互相関関数を求めます．$Lag = 0$の付近で両者の身体動作に有意な正の相関があることから，両者が体を動かすタイミングは類似していることがわかります（図5.1（右））．また，約40フレーム（1.6秒）近辺で相関係数が相対的に高く，逆に－50フレーム（－2秒）近辺で低いことから，セラピストの動きがクライエントの動きに先行していることがわかります.

---

このデータは {rMEA} パッケージに含まれているものです.

次に移動相関を求めてみましょう．移動相関というのは，解析対象区間の「窓」を移動させながら相関係数を求めるという意味です．結果（図5.2）を見ると，開始から2〜3分の区間で両者の身体動作の一致度が高まり，その際にはセラピストが先行する場合とクライエントが先行する場合の両方があることがわかります．また，5分過ぎにも両者の身体動作の一致度が高まる区間があります．このように分析することによって，臨床場面で起きているダイナミクスを知る手がかりを得ることができます．

▌5-2.R

```r
library(fields)  # image.plot()を使うため
library(zoo)     # rollapply()を使うため

# 相互相関
# {rMEA}パッケージに含まれる——なから開されていないGithubのリポジトリ内のファイル
url<-"https://raw.githubusercontent.com/kleinbub/rMEA/master/inst/
extdata/normal/203_01.txt"
dat <- read.table(url, sep = " ", header=TRUE)
# 体の動きの大きさの時系列プロット
ts.plot(dat, lty=c(1:2), col=c(1:2))
legend("topright",c("Client","Therapist"),lty=c(1:2),col=c(1:2))
# 相互相関関数
r <- ccf(dat[,1], dat[,2], type = "correlation", lag.max = 100, pl
ot=T, main="")

# 移動ラグ相関
# 相関係数を求める自作関数
corr <-  function(x) ccf(x[, 1], x[,2], type = "correlation",lag.m
ax = laglen, plot=F)$acf

# パラメータの設定
window <- 1000  # 相関係数の窓長を1000にする
laglen <- 50    # 考慮するラグの長さ
fps <- 25  # frame per second（1秒間の映像コマ数）
```

```
df <-  data.frame(dat)
cor_mat<- rollapplyr(df, window, corr,  by.column=F)

# 作図

colnames(cor_mat) <- c(-laglen:laglen)
rownames(cor_mat) <- 1:nrow(cor_mat)
image.plot(cor_mat,axes =F, xlab="Time(min)", ylab="Lag(sec)")
axis(1, at=seq(0,1, by=1500/(nrow(cor_mat)-1)),
    labels=seq(0,14000,  by=1500)/(60*fps))
axis(2, at=seq(0,1, by=50/(ncol(cor_mat)-1)),
    labels=seq(-laglen, laglen, by=50)/25)
```

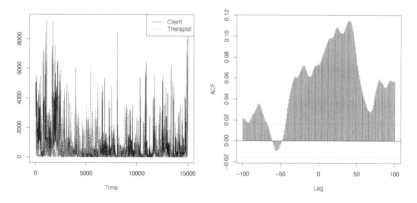

図5.1　インタラクション中のクライエントとセラピストの体の動き

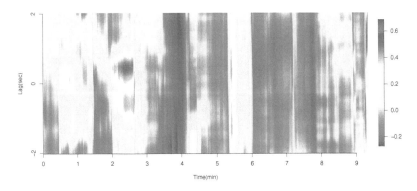

図5.2　身体動作の移動ラグ相関．横軸は経過時間，縦軸はラグに対応．Lagが正のエリアでの高い相関があることは，セラピストの動作がクライエントに先行していることを示しています．

## 5.3　動的時間伸縮法

　たとえば，台風の進路のことを考えてみてください．日本に接近して消え去るまでの日数は異なっていても，ルートが似ている台風があります．このような長さの異なる時系列データの変化パターンの類似度を評価する方法の一つが**動的時間伸縮**（dynamic time warping; **DTW**）です[5-3, 5-4]．

　相関係数では長さが異なるデータ同士の類似度を評価できませんが，DTWを使えば，順序は保持したまま部分的に時間を伸縮することで，2つの時系列における各点の距離（差の絶対値）が最短となるように整列（アライメント）し，長さをそろえることができます（図5.3）．このようにして長さをそろえることで距離を評価することができるようになります．「動的」と呼ばれるのは，動的計画法というアルゴリズムを使っているためです．

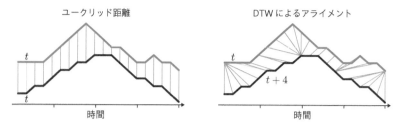

ユークリッド距離　　　　　　　　DTW によるアライメント

$t$

$t$

時間　　　　　　　　　　　　　　時間

$t$

$t+4$

図5.3　2つの時系列間のユークリッド距離とDTW距離の時点同士の対応関係

## 📈 5.3.1 1次元データの動的時間伸縮

まずは，ボックスとジェンキンスによる販売データ（BJsales; 150 時点を抜粋）とその先行指標のデータ（BJsales.lead; 120 時点を抜粋）という長さの異なる2つの時系列データを使って，DTWで距離を求めてみます.

| 5-3-1.R

```
# 1次元データの動的時間伸縮
library(dtw)
data("BJsales")
# 異なる期間のデータを抜き出すのでデータの長さは異なる
# 120サンプル抜き出して標準化, Query
ts1 <- scale(BJsales.lead[1:120])
# 150サンプル抜き出して標準化, Reference
ts2 <- scale(BJsales[1:150])

# DTW
# アライメントを調べる
alignment <- dtw(ts1, ts2)
# 時系列点の対応関係
dtwPlotThreeWay(alignment, xts=ts1, yts=ts2)
# DTWで計算した距離
sprintf("DTW (global): %5.2f", alignment$distance)
# 描画
```

```
dtwPlotTwoWay(alignment, xts=ts1, yts=ts2, main="alignment of raw ↩
data")
ts.plot(as.ts(ts1[alignment$index1]),  as.ts(ts2[alignment$index2] ↩
), col=c(1:2), lty=c(1:2), main="Global Alignment")
```

図5.4 は時点間の対応関係を示しています. また, この対応関係を使って,
長さの等しい時系列データを作成できます (図5.5). 整列後のデータで時
系列間の距離を求めた結果, DTW 距離は 26.25 でした.

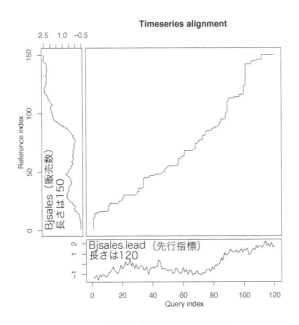

図5.4　DTWによる時点間の対応づけ

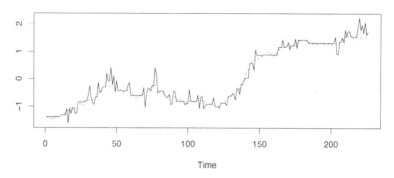

図 5.5　整列後の BJsales（赤線）と BJsales.lead（黒線）

　また，対応する時点間の時間差に上限（窓長）を設けることもできます．以下の例では，窓長は 2 つの時系列の長さの差（30 時点）に設定しています．遠く離れた時点とは対応させなくなった結果，DTW 距離は上限を設けなかった場合と比べると，より少し増えて，30.43 になりました．

　さらに，グローバルな整列（全体をそろえる）ではなく，ローカルな整列（パターンが似ている部分だけを抜き出してそろえる）を行うこともできます（図 5.6）．この場合，類似度が高い区間だけが抜き出されているため，全体で 120 時点になっています．DTW 距離は 20.08 でした．ローカルな整列は，変化パターンが類似している区間を見つけ出すのに有効です．

▎5-3-1.R つづき

```
# DTWのオプション
# 探索範囲の窓長に制限を加える
alignment.window = dtw(ts1, ts2, window.type = "sakoechiba", windo ↵
w.size = abs(length(ts1) - length(ts2)))
dtwPlotTwoWay(alignment.window, xts=ts1, yts=ts2, main=" Windowed ↵
Alignment")
sprintf("DTW (windowed, global) distance: %5.2f", alignment.window ↵
$distance) # 距離

# open.end と open.begin で類似度の高い区間だけ抜き出す
```

```
alignment.openend = dtw(ts1, ts2, step=asymmetric, open.end=TRUE, ↵
open.begin=TRUE)
dtwPlotTwoWay(alignment.openend, xts=ts1, yts=ts2, main="Open.begi ↵
nとOpen.end")
ts.plot(as.ts(ts1[alignment.openend$index1]),
        as.ts(ts2[alignment.openend$index2]),
        col=c(1:2),lty=c(1:2), main="Local Alignment")
sprintf("DTW(local): %5.2f", alignment.openend$distance)
```

**Local Alignment**

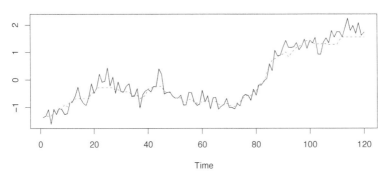

図5.6 ローカルな整列をした場合の時系列間の対応関係

## 5.3.2 2次元データの動的時間伸縮

　DTWは時系列データ間の距離をもとに伸縮を行うことから，多次元デー
タにも適用できるため，人やラットの空間的な移動パターンの類似度を評
価することもできます．ここでは，アメリカ東海岸沿いに棲息するアカ
ウミガメの位置情報データ loggerhead（図5.7）から，2匹のアカウミガメ
（BigMama と MaryLee）の位置情報をDTWで整列した例を示します．地球は
球体なので，実際には緯度によって経度と距離の関係は異なりますが，こ
こでは地球は平面と考えて解析をします．dtw()関数は多次元空間内の距
離を直接扱うことができないので，{proxy}ライブラリの関数dist()でユー
クリッド距離を求めています（図5.8）．同じように処理すれば，3次元以上
の多変量時系列データのパターンの類似度も評価できます．

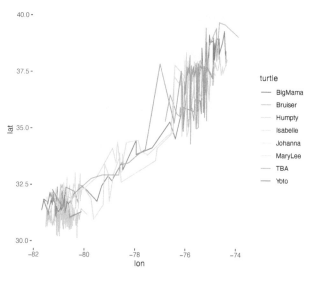

図5.7　アカウミガメの移動軌跡

```r
# 2次元データの動的時間伸縮
library(ggplot2)
library(MARSS)

# アカウミガメ位置情報データ
# 位置情報の単位は緯度（latitude: lat）と経度（longitude: lon）です
data(loggerhead)
dat <- loggerheadNoisy
g <- ggplot(dat, aes(x = lon, y = lat, color = turtle))+ geom_line()
plot(g)

# 2次元データのDynamic Time Warping
library(dtw)
# BigMama, MaryLeeと名付けられた2匹のウミガメのデータを取り出します
ts1 <- subset(dat, turtle=='BigMama')[,c("lon","lat")]
ts2 <- subset(dat, turtle=='MaryLee')[,c("lon","lat")]
# 時系列点の対応関係を調べる
```

```
# 距離を求める関数proxy::dist()を使います

alignment <-dtw(proxy::dist(ts1,ts2))
plot(alignment$index1, alignment$index2, main="Warping function", ↩
type='l')
# わかりやすさのため距離

alignment$distance
# 描画

b <- data.frame(
  lon = ts1$lon[alignment$index1], lat = ts1$lat[alignment$index1],
  row_num = 1:length(alignment$index1)
)
m <- data.frame(
  lon = ts2$lon[alignment$index2], lat = ts2$lat[alignment$index2],
  row_num = 1:length(alignment$index2)
)
x <- rbind(data.frame(turtle = "BigMama", b),
           data.frame(turtle = "MaryLee", m))
g <- ggplot(x, aes(x = lon, y = lat, color = turtle))
g <- g + geom_text(aes(label=row_num))
plot(g)
```

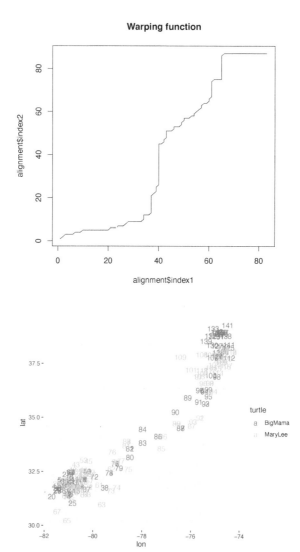

図5.8　アカウミガメ（BigMama, MaryLee）のDTWの対応関係（上）と対応する各時点での位置（下）

# 5.4 周波数領域での類似度

　ここまでは時間領域での分析について取り上げてきましたが，時系列データの周期的な変動自体に関心がある場合には，周波数領域での分析が便利です．ここではコヒーレンスおよびクロスウェーブレット解析を取り上げます．

## 〜 5.4.1 コヒーレンス

　**コヒーレンス**（coherence）は，波のように周期性がある時系列データ間の関係を，関連なし（0）から一致（1）までの値で示す指標です．心理学の分野では動作の協調の研究で用いられます[5-5, 5-6]．たとえば，音楽を聞いている2人の一方が表拍で，もう一方が裏拍でリズムをとっていたとしましょう．このときの2人の体の動きは半拍ずれていますが，両者は同じ音楽に合わせているので体の動きには関連があるといえるでしょう．ここで両者が関連しているというのは，ある周波数帯域において，位相差が一定であるということを指します．位相差というのは，タイミングのずれを角度で表したもので，完全に2つの波が同じ変動をしている場合の位相差は0です．周期が24時間の変動において，ずれが6時間の場合の位相差は90度（$\pi/2$）に，周期が12時間の変動でずれが同じ6時間の場合の位相差は180度（$\pi$）になります．また，表拍と裏拍でリズムをとっている動作の位相差は180度（$\pi$）になると考えられます．

　コヒーレンスは，2組の時系列データの**パワースペクトル**（power spectrum）と**クロススペクトル**（cross spectrum）から求めることができます．パワースペクトル，クロススペクトル，コヒーレンスの3つの関係は，分散，共分散，相関係数の関係に似ています．つまり，クロススペクトルの大きさをパワースペクトルで規格化したものがコヒーレンスです．

　まず，パワースペクトルとクロススペクトルから説明をします．時系列データ $x(t)$ のフーリエ変換を $X(f)$ とすると，$x(t)$ のパワースペクトルは以下のようになります．ただし＊は複素共役を表します．$P_x(f)$ は周波数ごとの波の強さを表しています．

$$P_x(f) = X(f)^* X(f) = |X(f)|^2$$

2つの時系列信号 $x(t), y(t)$ のクロススペクトル $C_{xy}(f)$ の式は以下のように求めることができます. ここで $|C_{xy}(f)|$ は振幅の大きさを, $\theta(f)$ は $x$ を基準とした2つの時系列データの間の位相差を表しています.

$$C_{xy}(f) = X(f)^* Y(f) = |C_{xy}(f)| e^{i\theta(f)}$$

例として, 図5.9のように2つの波形 $x$, $y$ を作成してクロススペクトルを求めてみます. $x$ は80Hzの cos 波と120Hzの sin 波を合成したもの, $y$ は80Hzの sin 波と200Hzの sin 波を合成したものです. 以下の例では, $x$, $y$ をともに80Hzの信号が入っていたため, クロススペクトルでは80Hz近辺で大きな値を示しています (つまり両者は関係しています). また, 80Hz近辺では $\theta(80) = \pi/2$, つまり90度位相がずれていることも計算結果からわかります.

▌ 5-4-1.R

```
# 信号の作成
# 1000Hzのサンプリングレートで0.25秒のデータデータを作成
t <- seq(0,.2499, by=0.001)
# xには80Hzのcos波形と120Hzのsin波形
x <- cos(2*pi*80*t) + 0.5*sin(2*pi*120*t)
# yには80Hzのsin波形と200Hzのcos波形
y <- sin(2*pi*80*t) + 0.8*sin(2*pi*200*t)
# パワースペクトル
X <- fft(x,250)   # xをフーリエ変換
Y <- fft(y,250)   # yをフーリエ変換
frequency <- 1000/250*(0:124)    # ナイキスト周波数の範囲を設定
Pxx <- Conj(X)*X/250   # xのパワースペクトルを求める. conj()は複素共役
Pyy <- Conj(Y)*Y/250   # yのパワースペクトルを求める
par(mfrow=c(2,2))
plot(t,x,type="l",col=1, ylim=c(-1.8,1.8), main="x")
```

```
plot(frequency, Re(Pxx)[1:125],type="l", ylab="power", main="Power ⏎
spectrum of x")
plot(t,y,type="l",col=2, ylim=c(-1.8,1.8), main="y")
plot(frequency, Re(Pyy)[1:125],type="l",ylab="power",main="Power s ⏎
pectrum of y")
# クロススペクトル
Cxy <- Conj(X)*Y/250
plot(frequency, abs(Cxy)[1:125],type="l", ylab="amplitude", main= ⏎
"Cross spectrum")
# 21番目の要素から以下のパラメータの位相情報を取り出しています
Im(log(Cxy/abs(Cxy)))[21]
```

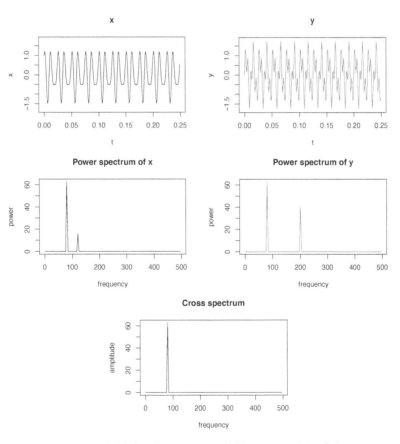

図 5.9　合成波 (上) とパワースペクトル (中) とクロススペクトル (下)

平均化したクロススペクトルの2乗を2つの時系列のパワースペクトルで正規化した量，またはその平方根がコヒーレンス（$Coh$）です．コヒーレンスは，2つの時系列データの関連を示す指標として用いられます．コヒーレンスは0から1までの間で実数値をとります（複数試行のクロススペクトルを平均化しないとコヒーレンスは必ず1になってしまいます）．

$$Coh_{xy}^2(f) = \frac{|C_{xy}(f)|^2}{P_x(f)P_y(f)}, \ 0 \le Coh_{xy}(f) \le 1$$

{seewave} パッケージを使って上記の計算を行うこともできます．

▍5-4-1.R つづき

```
# {seewave}による分析
library(seewave)
spec(x, f=1000)    # xのパワースペクトル
spec(y, f=1000)    # yのパワースペクトル
coh(x, y, f=1000)  # xとyのコヒーレンス
```

## ~ 5.4.2 ウェーブレットクロススペクトル解析

クロススペクトルやコヒーレンスは時系列の周波数構造が変化しないことを前提としています．しかし，多くの現実の時系列データでは時間の経過とともに周波数成分が変化するため，これはよい前提ではありません．刻一刻と変化する対人相互作用場面の解析をしたいのであれば，ウェーブレット変換を取り入れた**ウェーブレットクロススペクトル解析**（wavelet cross spectrum analysis; **WCSA**）で，周波数領域における時系列データの関係の時間的な変化を見ることができます．ウェーブレットクロススペクトル解析は，落語の演者と観客 [5-7] や対話中の2者 [5-8] の体の動きの関係のように，時系列データ同士の関係を検討するのに用いられています．

まず，**ウェーブレット変換**（wavelet transform）について説明します．ウェーブレット変換は，不規則で間欠的な信号の解析に適した方法で，時系列信号をウェーブレット（局在波）と呼ばれる特殊な関数 $\psi$ の合成に変換することにより，時間とともに変化する周波数や位相の特徴を捉える方

法です．ウェーブレット変換では，周波数帯域（スケール）に関するパラメータ $a$ と，時点（シフト）に関するパラメータ $b$ があり，それぞれについて**ウェーブレット係数**（wavelet coefficient）$W_x(a, b)$ を求めます（＊は複素共役）．

$$W_x(a, b) = \frac{1}{\sqrt{a}} \int_{-\infty}^{\infty} x(t) \psi^* \left( \frac{t - b}{a} \right) dt$$

$a, b$ 平面上に $W$ をマッピングした図は**スカログラム**（scalogram）と呼ばれます（図5.10）．これは，時点ごとにパワースペクトルを求めていると考えることができます．図から，時点 $b_1$ 近辺では周波数 $a_1$ の成分が強く，時点 $b_2$ 近辺では周波数 $a_2$ の成分が弱いことがわかります．

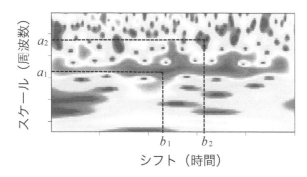

図5.10　スカログラムの例

　ウェーブレット関数 $\psi$ には用途に応じてさまざまなものがあります．以下はモルレー（Morlet）ウェーブレットの形です（図5.11）．モルレーウェーブレットはガウス関数と三角関数を重ね合わせてつくられた関数で，中心から離れるほど0に近づく形をしているため，ある時点の周辺の時系列データの特徴だけを取り出すことができます．

▌5-4-2.R

```
# Morletウェーブレットの形
morlet <- function(x) exp(-x^2/4) * cos(5*x)
```

```
x <- seq(-20,20,length=1000)
y <- morlet(x)
plot(x,y,type="l",  lwd=3, ylim=c(-1.1,1.1),
     xlab="",ylab=expression(psi[a,tau](t)))
abline(h=0, lwd=0.5, lty=3)
```

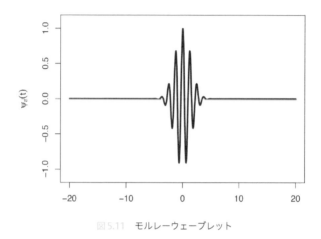

図5.11　モルレーウェーブレット

　ここでは，2016年にヒラリー・クリントン（民主党）とドナルド・トラ
ンプ（共和党）が戦ったアメリカ大統領選挙の直前1週間に，各支持者が行っ
たInstagramへの選挙関連投稿数の時系列データ[5-9]を分析してみましょ
う（図5.12）．政治的な姿勢はハッシュタグをもとに分類されています．
投稿数の変化を見ると，どちらの陣営の投稿も，大まかに24時間周期を示
していることがわかります．

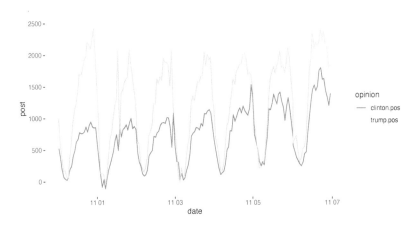

まずはトランプ支持者の投稿をウェーブレット変換します.

**5-4-2.R つづき**

```r
# Instagramへの選挙関連投稿数の分析
library(WaveletComp)
data(USelection2016.Instagram)
posts <- apply(USelection2016.Instagram[, 2:5], FUN = "diff", MAR ↵
= 2)
df <- data.frame(date = as.POSIXct(USelection2016.Instagram$date[- ↵
1], tz="EST5EDT"), posts)
at <- seq(from = as.POSIXct("2016-10-31 00:00:00", tz = "EST5EDT"),
        to = as.POSIXct("2016-11-06 00:00:00", tz = "EST5EDT"), ↵
by = "days")
# ウェーブレット変換
w <- analyze.wavelet(df, "trump.pos", dt = 1, dj = 1/100, lowerPer ↵
iod = 6, upperPeriod = 36)
wt.image(w, legend.params = list(lab = "wavelet power levels", lab ↵
el.digits = 2),
        periodlab = "period (hours)", spec.period.axis = list(at ↵
= c(12, 24)),
        show.date = TRUE, spec.time.axis = list(at = at)
)
```

図5.13を見ると，24時間のところに赤い帯があります．これは，投稿数に24時間の周期性があり，これが1週間継続していたことを示しています．

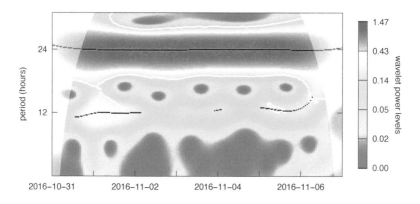

　次に，このパワースペクトルを使ってウェーブレットクロススペクトル$W_{xy}(a,b)$を求めます．ウェーブレットクロススペクトルは，どの時点のどの周波数帯域で2つの時系列に関連が見られるのか，またそのときの位相がどの程度ずれているのかを見る方法です．

$$W_{xy}(a,b) = W_x(a,b)^* W_y(a,b) \quad （ただし * は複素共役）$$

　クリントン支持とトランプ支持の選挙関連投稿数について1週間の変化をウェーブレットクロススペクトル解析で分析した結果が図5.14です．図を見ると，やはり24時間のところに横長の赤いエリアがあります．これは，1週間にわたって両陣営ともに24時間周期の投稿パターンがあったことを示しています．図中の矢印は，その時点のその周期での位相差を表しています（右向きは位相差なし，上向きは，$\frac{\pi}{2}$の位相差があるという意味です）．赤いエリアの矢印は右を向いていることから，位相も一致していたことがわかります（投稿の多い/少ない時間帯が一致していたということです）．よく見ると12時間周期の成分もあり，矢印は若干右上を指しています．12時間周期の成分では，トランプ陣営がクリントン陣営よりも先ん

じて（詳しく見ると35分早く）投稿をしていたことがわかります（35分が何を意味するかはわかりません．支持者の居住地域の違いが現れているのかもしれません）．

ウェーブレット分析を行うにはある程度の長さの信号が必要になります．図5.14の両側の白くなっている部分は，十分なデータがないために分析ができなかったエリアを示しています．ウェーブレット分析では，低い周波数（長い周期）の信号ほど時間軸方向に大きなサイズのウェーブレットを使うので，白いエリアは上に行くほど大きくなります．

▎5-4-2.R つづき

```
# ウェーブレットクロススペクトル
wc <- analyze.coherency(df, my.pair = c("trump.pos", "clinton.pos"),
                        dt = 1, dj = 1/100, lowerPeriod = 6, upper ↵
Period = 36)
wc.image(wc, lvl = 0.1, p = 0,
         legend.params = list(lab = "cross-wavelet power levels", ↵
label.digits = 2),
         periodlab = "period (hours)", spec.period.axis = list(at ↵
= c(12, 24)),
         show.date = TRUE, spec.time.axis = list(at = at))
```

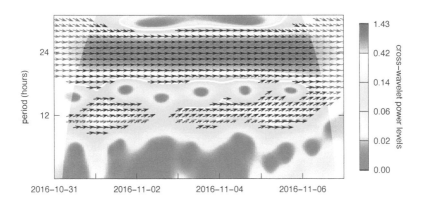

図5.14　クリントン支持とトランプ支持Instagram投稿数のクロススペクトル

# 5.5 位相差の評価

　同じ周波数の $\sin\theta$ と $\cos\theta$ の相関をとってみると，相関係数は0です．ただ，$\cos$ を $\frac{\pi}{2}$ 位相をずらすと（すなわち $\cos\left(\theta - \frac{\pi}{2}\right)$ にすると）と2つの波は完全に一致します．つまり，$\sin\theta$ と $\cos\theta$ は90度（$\frac{\pi}{2}$）ずれていることがわかります．このような位相のずれの指標は，異なる脳部位間の神経活動の関連を調べることや，相互作用者の体の動きの関連性を調べるときに使われてきました[5-10, 5-11]．

　ここでは，Google での「おはよう」検索数と「おやすみ」検索数の時間差を位相の観点から以下のように分析してみます．まず，{gtrendsR}パッケージで1週間の Google トレンドを取得します．

▌5-5.R

```
library(seewave) # 信号処理ライブラリ
library(gtrendsR) # Googleトレンドを取得するライブラリ
library(tidyr)
library(circular) # 角度の計算を行うライブラリ

# Googleトレンドの取得
trend <- gtrends(
  keyword = c("おはよう", "おやすみ"), # 検索キーワード
  geo = "JP", # 検索地域
# 取得期間．ここでは現在からさかのぼって7日間（24×7）
  time = "now 7-d",
  tz = 'Asia/Tokyo'
)
plot(trend)

df <- as.data.frame(trend$interest_over_time)
df <- df %>% pivot_wider(id_cols = date, names_from = keyword, val ↲
ues_from=hits)
ohayo <- scale(df$'おはよう')
oyasumi <- scale(df$'おやすみ')
```

出力結果である図5.15を見てみると，「おやすみ」が深夜0時過ぎにピークがあるのに対して，「おはよう」は朝6時ごろにピークがありそうです．これを使えば人々の睡眠時間がわかるかもしれません．

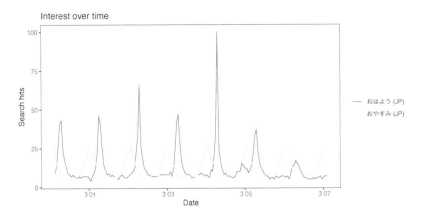

図5.15　「おはよう」「おやすみ」Google検索数の時間的変化（1週間）

　時系列的な信号から位相を求めるには，**ヒルベルト変換**（Hilbert transform）という方法が使われます．もともとの信号を実部として，それをヒルベルト変換した信号を虚部とした複素関数（解析信号と呼ばれます）から，ある瞬間の位相（瞬時位相）を求めることができます．

　瞬時位相の差の平均から，2つの時系列データにどの程度の位相差があったかを調べることができます．ただ，角度は単純に引き算をしてはいけないので（359度と1度の差は358度ではなく−2度です）方向の計算に用いられる {circular} パッケージを使って位相差の平均値の計算やプロットを行っています．

▌5-5.R つづき

```
# 位相差の導出
# ヒルベルト変換
ohayo.h <- hilbert(ohayo, 1, channel = 1, fftw = FALSE)
# ヒルベルト変換
oyasumi.h <- hilbert(oyasumi, 1, channel = 1, fftw = FALSE)
```

```
# 瞬時位相
ohayo.p <- atan2(Im(ohayo.h),Re(ohayo.h))
# 瞬時位相
oyasumi.p <- atan2(Im(oyasumi.h),Re(oyasumi.h))
# 位相差の計算．方向統計学のパッケージを利用
phase_diff <- circular(oyasumi.p - ohayo.p)
# 位相差をプロットしている
plot.circular(phase_diff)
# 平均方向
arrows.circular(x=mean.circular(phase_diff),y=rho.circular(phase_d↩
iff))
# 2πを24時間として時間に変換
time_diff <- mean.circular(phase_diff)/(2*pi)*24
sprintf("時間のずれは平均%f時間",time_diff)
```

分析の結果，「おやすみ」から約6時間後に「おはよう」が検索されていることがわかります（図5.16）．平均の位相差はだいたい $\frac{\pi}{2}$ です．計算の結果，位相差は平均5.66時間であることがわかります．また，矢印の長さ rho.circular(phase_diff) は Phase Locking Value（PLV）と呼ばれる値で，これは1に近いほど角度のばらつきが小さいことを表す指標です．

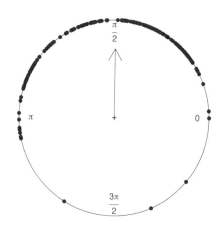

図5.16 「おはよう」「おやすみ」Google 検索頻度の位相差（1周が1日に対応する）

# 5.6 イベント周期の安定性

　毎日の就寝時刻の平均をとるというのは，簡単そうに見えますが意外と面倒なものです．ある日は23時に寝て，次の日は深夜1時に寝たとき，両日の就寝時刻の平均値が$(23 \text{ 時} + 1 \text{ 時})/2 = 12 \text{ 時}$になる，というのはまったくおかしな話です．正しい平均就寝時刻は0時です．このようなデータを扱うときは，時刻を角度と考えて，**方向統計学**（circular statistics）の考え方で平均値を求めて検定を行うことがあります．

　表5.1のような10日間の就寝時刻のデータを分析してみます．就寝時刻を24時間で1周する時計に矢印でプロットしてみます（図5.17）．この矢印をベクトル$\overrightarrow{v}_i$と考えて，これらすべてのベクトルの和を$N(= 10)$で割ったベクトルが平均ベクトル$\overrightarrow{v}_\mu$になり，このベクトルの方向が平均就寝時刻になります．またこのベクトルの長さが長いほど，就寝時刻のばらつきが小さいといえます．

$$\overrightarrow{v}_\mu = \frac{1}{10}(\overrightarrow{v}_1 + \overrightarrow{v}_2 + \ldots + \overrightarrow{v}_{10})$$

表5.1　就寝時刻（10日間）

| 1日目 | 2日目 | 3日目 | 4日目 | 5日目 | 6日目 | 7日目 | 8日目 | 9日目 | 10日目 |
|---|---|---|---|---|---|---|---|---|---|
| 11:30 PM | 0:00 AM | 10:45 PM | 11:30 PM | 0:00 AM | 1:30 AM | 2:00 AM | 11:15 PM | 1:00 AM | 11:00 PM |

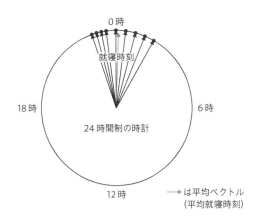

図5.17　平均時刻の求め方

たとえば，霊長類の音楽性の進化について検討した研究[5-12]では，チンパンジーに等時間間隔の信号に合わせたタッピング課題を行わせています．信号に合わせてタッピングする精度をチンパンジーとヒトで比較をするために，同様の方法が使われています．さらに，「タイミングは一様に分布している」という帰無仮説に関する検定である**レイリー検定**（Rayleigh test）を行い，タイミングを合わせているかどうかを検討しています．

▌5-6.R

```
library(circular)    # 角度の計算を行うライブラリ
# 表5.1の就寝時刻
time <- c(23.5, 0,  22.75,  23.5, 0.5, 1.5, 2, 23.25, 1, 23)

degree <- circular(time/24*2*pi)   # 方向データに変換する
ave_deg <- mean.circular(degree)
sprintf("就寝は平均%2.1f時",  ave_deg/(2*pi)*24)
rayleigh.test(degree)   # レイリー検定
```

'就寝は平均0.1時'

　レイリー検定の結果，就寝のタイミングは一様分布（つまり就寝時刻は完全にランダム）ではなく特定の時間帯に偏っていることがわかります．Test Statisticには平均ベクトルのノルム（大きさ）である$\rho$が示されています．分散に対応する指標として$v = 1 - \rho$が，標準偏差に対応する指標として$s = \sqrt{-2\log\rho}$が用いられることもあります．

```
        Rayleigh Test of Uniformity
        General Unimodal Alternative


Test Statistic:  0.9627
P-value:  0
```

# 5.7 時系列クラスタリング

　複数の時系列データを似ているもの同士に分類するのが，時系列クラスタリングです．クラスタリングをするためには，データ間の距離を求める必要がありますが，{TSclust}パッケージを使えば距離の算出からクラスタリングまで簡単に行うことができます．5.1節で述べたとおり，時系列の距離の定義にはさまざまなものがあります．何を距離の定義に選ぶかはmethodで指定します．

　ここではランダムに作成した30系列の時系列データのクラスタリングを，DTW距離に基づいてWard法で行い，デンドログラムを求めました（図5.18（上）．また，図5.18（下）では4つのクラスタに分類した例を示しています．類似した変化パターンを示す時系列同士が同じクラスタ（色）に分類されていることがわかります．

▌5-7.R

```
# 1次元データの山谷と時系列クラスタリング
library(TSclust)

# データの作成
# ランダムウォークを返す関数
RndWalk1D <- function(n){
  rndwalk <- cumsum(rnorm(n))
  return(rndwalk)
}
N <- 30   # 時系列サンプルのサイズ
LEN <- 100   # 時系列サンプルの長さ
data <- apply(matrix(NA, nrow=LEN, ncol=N), 2, RndWalk1D)
data <- as.data.frame(data)

# 時系列クラスタリング
d <- diss(data, "DTWARP")   # 距離の指標としてDTW距離を指定する
h <- hclust(d, method = "ward.D")   # Ward法による階層的クラスタリング
plot(h, hang = -1)   # デンドログラムを描画する
```

```
NUMCLASS <-4  # 何クラスに分類して結果を表示するか
h.cluster <- cutree(h, NUMCLASS)  # 属するクラスタの情報を返す
matplot(data, type = 'l', lty = 1, col = h.cluster)  # 描画
```

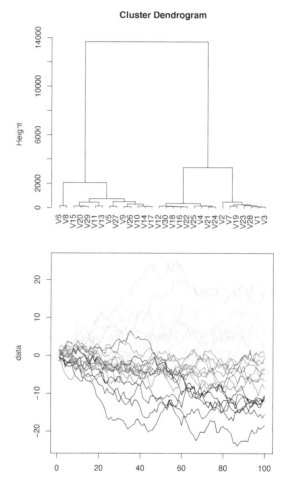

図5.18　30個のランダムウォーク時系列を階層型クラスタリングした結果（上）と，クラス数を4
に指定して分類した結果（下）

# 5.8 再帰定量化分析

**再帰定量化分析**（recurrence quantification analysis; **RQA**）は非線形時系列解析と呼ばれる分野の代表的な手法の一つで，時系列の局所的な時間相関を視覚化する方法です[5-13, 5-14]．時系列を高次元の空間に埋め込み，その空間内で時系列データ同士が近接した状態であるか否かを，リカレンスプロットと呼ばれる2次元プロットで表すことで，時系列の大局的な構造を見ることができます．

再帰定量化分析では，複数の時点のデータをまとめて多次元空間の一つの点として扱う「埋め込み」という操作をまず行います．高次元の空間に時系列データを埋め込むことによって，この空間内を動く軌跡を作り出し，これをもとに「再帰」の程度を調べるという流れになります．少し手順は複雑ですが，局所的な相関関係がどこにあるのかを見つけ出すための方法だと考えて差し支えありません．

## 1. 時系列データを用意する

## 2. 埋め込み遅延時間（$\tau$）の決定

複数の時点のデータをまとめるとき，何個飛ばしで点を選んでいくのかを決めるパラメータが遅延時間（$\tau$）です．時系列の平均相互情報量$I(\tau)$が最初に極小となる$\tau$を用いることが一般的です．つまり情報がダブらないように時点を選ぶということです．

## 3. 埋め込み次元 $m$ の決定

1次元の時系列情報を何次元の空間に埋め込めばよいのかを調べます．たとえば$1, 3, 5$という連続する3点のデータを$\tau = 1$で3次元の空間に埋め込んだ場合，この3点が3次元空間の1点$v = (1, 3, 5)$に変換され（埋め込まれ）ます．

## 4. リカレンスプロットの描画および指標の算出

埋め込まれた座標$v$のすべての組み合わせについて，互いの距離$D$を求めます．

$$D_{i,j} = ||v_i - v_j||$$

あらかじめ閾値$\theta$を決めておき，$D_{i,j} < \theta$ならば，座標$(i, j)$を再帰点とし

てリカレンスプロットにプロットします．また，このプロットをもとにさま
ざまな指標を求めます．

　{crqa}パッケージのデータセットにある相互作用中の2者の手の動きの
速度データ（図5.19）を例に，再帰定量化分析を行います．

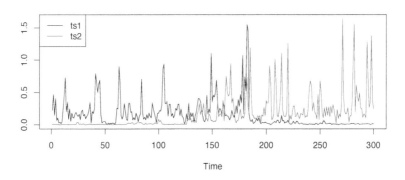

図5.19　インタラクション中の2者の手の動きの速さ

　前述の手続きに従ってリカレンスプロットを作成してみると，最後の
1/3の時間帯は前半と異なる振る舞いをしていることが分かります（図
5.20）．このように，リカレンスプロットは複雑な時系列データ全体の構
造を見るときに役に立ちます．

▌5-8.R

```
library(crqa)      # 相互再帰定量化分析のためのパッケージ
library(nonlinearTseries)   # 非線形時系列データ分析パッケージ

# 再帰定量化分析（RQA）
# データの準備
data(crqa)   # 対話中の2者の手や視線の動きのデータが含まれている
ts1 <- handmovement$P1_TT_d[1:300]
ts2 <- handmovement$P2_TT_d[1:300]
ts.plot(cbind(ts1,ts2), col=c(1,2))
legend("topleft", legend = c("ts1","ts2"), col = 1:2, lty = 1)
```

```
# 相互情報量から埋め込み遅延時間イプシロンを決定する
tau.ami = timeLag(ts1, technique = "ami",do.plot = FALSE)
# 埋め込み次元の決定
emb.dim = estimateEmbeddingDim(ts1, time.lag = tau.ami, do.plot = ↵
FALSE)
# リカレンスプロットの描画と指標の導出
ts1.rqa <- rqa(time.series = ts1, embedding.dim=emb.dim, time.lag= ↵
tau.ami,
                radius=0.1, lmin=2,do.plot=TRUE)
sprintf("再帰率：%f",ts1.rqa$REC)
sprintf("最大線長：%d",ts1.rqa$Lmax)
```

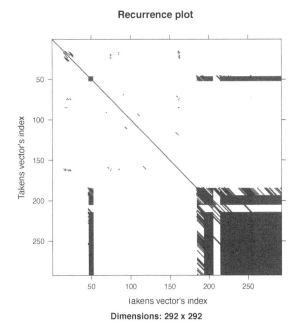

**Recurrence plot**

Dimensions: 292 x 292

図5.20　参加者1の手の動きの速さのリカレンスプロット

　rqa()関数の戻り値として，再帰定量化でよく使われるさまざまな指標
が出力されます．その中でも重要な指標が再帰率（RECで示されています）
と最大線長Lmaxです．

- **再帰率 (REC)**

  プロット中で再帰点が占める割合 (0 ～ 1) を表します. 再帰率は確率的ノイズの割合を示す指標で, システムの安定性を示す指標です.

- **最大線長 (Lmax)**

  対角成分方向に再帰点が続く最大値を指します. 対角方向に最も伸びる線は, 同じ時間的なパターンが現れた時間的な長さを表しており, これもシステムの安定性を示す指標です. また後述のCRQAでは, この最大線長が長いほど, 2つの時系列データの間に関連が深いことを意味します.

---

'再帰率：0.127064'

'最大線長：108'

---

　指標の出力結果から, 全体の約12%で再帰的な (つまり以前と似通った) 振る舞いがあり, 108時点にわたってその再帰的な振る舞いが連続していた箇所があることがわかります.

　RQAを2つの時系列データのペアの関係の解析に拡張して相互作用の分析に用いたものが, **相互再帰定量化分析** (cross recurrence quantification analysis; **CRQA**) です. たとえば, RQAは人の身体動揺の検討に用いられていますが [5-15], CRQAを使うと対話中の2者の身体動揺にいつどの程度関係があるかを検討することができます [5-16] (図5.21). 一事例だけで結果を解釈することはできませんが, 対角線に沿って再帰点が現れておらず, 両者の動きはそれほど一致していたとはいえません.

▎5-8.R つづき

```
# 相互再帰定量化分析（CRQA）
library(crqa)    # 相互再帰定量化分析のためのパッケージ
par = list(method = "crqa", metric = "euclidean", maxlag = 10,
           radiusspan = 1000, normalize = 0,rescale = 4,
           mindiagline = 10,minvertline = 10, tw = 0,
           whiteline = FALSE, recpt = FALSE, side = "both",
           datatype = "continuous",typeami = "mindip", nbins = 50)
# 遅れ時間と埋め込み次元を決定する
param <- optimizeParam(ts1, ts2, par=par)
res <- crqa(ts1, ts2, delay = param$delay, embed = param$emddim,
```

```
            radius = 0.1, normalize = 0, mindiagline = 2,
            minvertline = 2, tw = 0, method = "crqa", side = "both",
            datatype = "continuous")
plotRP(res$RP,par=list(unit = 100, labelx = "Time",
                labely = "Time", cols = "black",
                pcex = .5, pch = 15,
                labax = seq(0, nrow(res$RP), 100),
                labay = seq(0, nrow(res$RP), 100),
                las = 1))
sprintf("再帰率：%f",res$RR/100)
sprintf("最大線長：%d",res$maxL)
```

'再帰率：0.427611'

'最大線長：86'

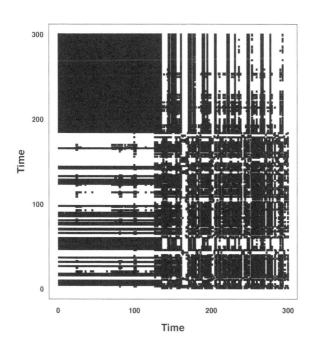

図5.21 相互再帰定量化分析の結果（クロスリカレンスプロット）

# 5.9　グレンジャー因果性検定とVARモデル

**グレンジャー因果性検定**（Granger causality test）は，複数の時系列データ間の「因果関係」を検討するために経済学の分野で開発された手法で，複数の変数の間の因果的な関係の検定を行うことができます．今日では，たとえば心理臨床場面での治療プロセスの分析や[5-17]，動物の親子の発声の影響関係の分析[5-18]のようにさまざまな心理学的研究にも応用されています．

　グレンジャー因果性検定を行うには，まずVARモデルにより将来を予測する時系列モデルを作成する必要があります．その予測モデルの当てはまりのよさを比較することにより，因果性の検定を行います．また，このVARモデルをもとに**インパルス応答関数**（impulse response function; **IRF**）という関数を求めて時系列データ間の詳細な影響関係を検討することもできます．

## 5.9.1 VARモデル

　第3章で取り上げた自己回帰（AR）モデルは，過去の自分自身が現在に影響するというモデルでした（AR(1)モデルなら1つ前の時点の影響を受けます）．これを多変量に拡張したのが**ベクトル自己回帰モデル**（vector autoregressive model; **VAR**）です．ある時点での変数がベクトルになるARモデルという意味です．

　たとえば，気分$y_1$と活動量$y_2$という2つの時系列データのモデルを考えます．気分$y_{1,t}$は少し前の気分$y_{1,t-1}$に影響されるだけでなく，少し前の活動量$y_{2,t-1}$にも影響されるかもしれません．また，気分$y_{1,t-1}$がその後の活動量$y_{2,t}$に影響することも十分に考えられます．このような変数間の複雑な関係をモデル化したいときに使えるのがVARモデルです（図5.22）．ここで，$\phi_{1,1}$は1時点前の気分$y_{1,t-1}$が現在の気分に及ぼす影響の強さを，$\phi_{1,2}$は1時点前の活動量$y_{2,t-1}$が現在の気分に及ぼす影響の強さを表す偏回帰係数です．

$$y_{1,t} = c_1 + \phi_{1,1}y_{1,t-1} + \phi_{1,2}y_{2,t-1} + \varepsilon_{1,t}$$
$$y_{2,t} = c_2 + \phi_{2,1}y_{1,t-1} + \phi_{2,2}y_{2,t-1} + \varepsilon_{2,t}$$

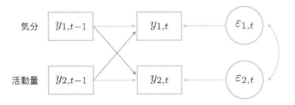

気分 $y_{1,t-1}$ $\quad y_{1,t}$ $\quad \varepsilon_{1,t}$

活動量 $y_{2,t-1}$ $\quad y_{2,t}$ $\quad \varepsilon_{2,t}$

撹乱項$\varepsilon$間の相関はありうる

図5.22 VARモデル

　まず，分析例に使うための仮想データをつくってみます．仮に気分$y_1$と活動量$y_2$が以下のような関係式に従っているとします．1つ前の時点までの状態を考慮しているので，VAR(1)モデルです．このような関係式に従うデータを作成してみます．

$$気分 = 10 + 0.3 \times 1\,時点前の気分 + 0.6 \times 1\,時点前の活動量 + \varepsilon_{1t}$$
$$活動量 = 20 - 0.5 \times 1\,時点前の気分 + 0.5 \times 1\,時点前の活動量 + \varepsilon_{2t}$$

5-9.R

```
library(tsDyn)
library(vars)

# 仮想時系列データの作成
# 係数行列
B<-matrix(c(10,20,0.3,-0.5,0.6,0.5), 2)
# 初期値
S <- matrix(c(25,10),1)
# 撹乱項の分散共分散行列
V <- matrix(c(1,0.8,0.8,1), nrow=2, ncol=2)
# include="const"で切片（定数項）ありのモデルでデータを作成
set.seed(9999)
dat <- VAR.sim(B=B, n=100, lag=1, include="const", starting = S, v ↵
arcov = V)
df <- data.frame(y1 = dat[,1], y2=dat[,2])
```

```
# 作図
ts.plot(df, gpars=list(ylim=c(0,40), col=c(1:2)))
legend("topright", legend = c("mood","activity"), lty=1, col=c(1:2))
```

図5.23のように, 気分と活動量のデータをVAR(1)に従って作成することができました.

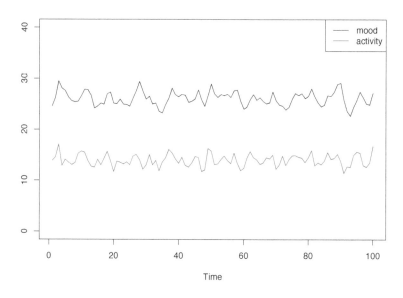

図5.23　気分と活動量の関係(仮想データ)

## 5.9.2 VARモデルの選択

仮想データを分析してみましょう. まず,「何時点前 (次数$p$といいます) までのデータを使って両者の関係をモデル化するか」を判断する必要があります. そこで, {vars}パッケージを使ってVAR($p$)モデルの選択をします. VARselect()関数を使えば, 最適な次数をAICやBICなどの情報量規準をもとに選択することができます. 分析の結果, 今回のデータではAICでもBICでも次数に1が選択されているので, VAR(1)モデルが一番よさそうです (SCはBICの別名である**シュワルツ情報量規準 (SIC)** を表しています).

```
VARselect(df, lag.max=5,  type = "const")
```

```
$selection
AIC(n)  HQ(n)  SC(n) FPE(n)
     1      1      1      1
$criteria
                  1          2          3          4          5
AIC(n) -1.0800918 -1.0148858 -0.9703941 -0.9124924 -0.8461046
HQ(n)  -1.0149156 -0.9062587 -0.8183160 -0.7169635 -0.6071249
SC(n)  -0.9187944 -0.7460567 -0.5940332 -0.4285999 -0.2546805
FPE(n)  0.3395786  0.3625144  0.3791365  0.4019802  0.4299794
```

　VARモデルの係数を推定するにはVAR()関数を用います．上述で決めたとおり，次数は$p=1$と設定します．type="const"は定数項を含めるという意味です．

```
var_model <- VAR(df, p=1, type = "const")
summary(var_model)
```

```
VAR Estimation Results:
=========================
Estimated coefficients for equation y1:
=======================================
Call:
y1 = y1.l1 + y2.l1 + const


    y1.l1     y2.l1     const
0.3190003 0.5907479 9.5537079
Estimated coefficients for equation y2:
=======================================
```

```
Call:
y2 = y1.l1 + y2.l1 + const


     y1.l1      y2.l1      const
-0.4902585  0.4709474 20.1613343
```

実際に気分$y_1$の観測値, AR(1)モデルによる予測値, VAR(1)モデルによる予測値をプロットしてみると, VARモデルのほうがARモデルよりも正しく予測できていることがわかります（図5.24）. つまり, 活動量$y_2$の影響を考慮したほうが$y_1$をより正確に予測ができています. この考え方を発展させて,「$y_2$を考慮したほうが$y_1$はうまく予測できるということは, $y_2 \rightarrow y_1$への因果性がある」と解釈するのが, 次に述べるグレンジャー因果性検定です.

5-9.R つづき

```
# ARモデルとVARモデルによる予測
library(forecast)
ar_model <-Arima(df$y1,order=c(1,0,0), include.constant = T)

df2 <- data.frame(y1 = dat[-1,1],
                  AR=ar_model$fitted[-1],
                  var_model$varresult$y1$fitted.values)
ts.plot(df2, gpars=list(ylim=c(22,30), col=c(1,2,4)))
legend("topright", legend = c("y1","AR(1)", "VAR(1)"), lty=1, col= ↩
c(1,2,4))
```

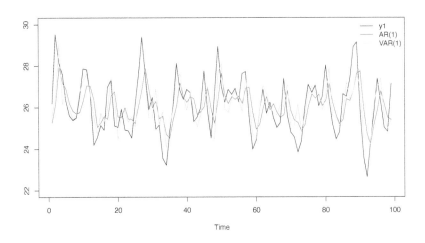

観測値y1とAR(1)モデル, VAR(1)モデルによる予測

### 📈 5.9.3 グレンジャー因果性検定

　**グレンジャー因果**（Granger causality）とは，ある時系列データ $Y$ の未来の変動の予測性が他の時系列データ $X$ によって改善するのであれば，$X \to Y$ という因果関係があるとみなす，という考え方です（図5.25）．つまり，グレンジャー因果性検定は，$Y$ のデータだけで $Y$ の予測を行うときと比較して，$X$ を説明変数に入れた場合に $Y$ の予測誤差が改善されるかどうかを調べる検定です．「因果性検定」とは呼ばれていますが，$X$ と $Y$ の間の因果関係の十分条件を満たすものではありません．今日的な因果推論で用いられる反実仮想の考え方とも異なります．そのため，この結果について述べるときは「グレンジャーの意味での因果関係」とわざわざ断りを入れます．グレンジャー因果性検定のみで因果関係を主張することは避けなければなりません．

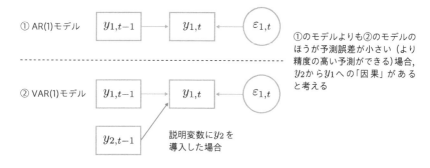

①のモデルよりも②のモデルの
ほうが予測誤差が小さい（より
精度の高い予測ができる）場合,
$y_2$から$y_1$への「因果」がある
と考える

説明変数に$y_2$を
導入した場合

図5.25　グレンジャー因果性検定の考え方

5.9.2項で推定したVAR(1)モデルに基づいて, causality()関数によりグレンジャー因果性検定を行ってみましょう. causeのパラメータに$y_2$を設定することで, $y_2$から$y_1$へのグレンジャー因果性があるかを検定します. ここでの帰無仮説$H_0$は,「$y_2$の回帰係数が0である」です.

▌5-9.R

```
causality(var_model, cause = "y2")    # y_2からy_1への因果性検定
```

```
$Granger

        Granger causality H0: y2 do not Granger-cause y1
data:  VAR object var_model
F-Test = 35.999, df1 = 1, df2 = 192, p-value = 9.651e-09


$Instant

        H0: No instantaneous causality between: y2 and y1
data:  VAR object var_model
Chi-squared = 39.321, df = 1, p-value = 3.596e-10
```

$Grangerの部分にあるp-valueを見ると, 帰無仮説は5%有意水準で棄却されます. この結果から, $y_2$から$y_1$へのグレンジャー因果性がないという仮説は棄却されました（因果性が認められるということです）. $Instantの部分はグレンジャーの瞬時的因果性検定というもので, ここでは関係あ

りません.

　次に, cause に $y_1$ を設定して $y_1$ から $y_2$ の因果性検定を行うと, やはり有
意な因果性が認められます.

▌5-9.R つづき

```
causality(var_model, cause = "y1")    # y1 から y2 への因果性検定
```

```
$Granger

        Granger causality H0: y1 do not Granger-cause y2
data:  VAR object var_model
F-Test = 35.413, df1 = 1, df2 = 192, p-value = 1.244e-08
```

　グレンジャー因果性検定を行う場合, 各変数は定常性を満たす必要があ
ります. あらかじめ ADF 検定などで単位根の有無を調べたうえで, 場合に
よっては階差系列を作成して用いる必要があります. また, causality()
関数によるグレンジャー因果性検定は, cause パラメータで指定した変数
が残りの変数に対して因果性を持っているかを検定するものなので, 3変
数以上の VAR モデルの場合にどの変数がどの変数に対してグレンジャー因
果性があって, どの変数に対してはないか, といったことは調べられませ
ん.

## 📈 5.9.4 直交化インパルス応答関数

　グレンジャー因果性検定は, 因果関係の強さを評価するものではありま
せん. 変数間の関係を詳細に検討する方法に, **インパルス応答関数**(impulse
response function; **IRF**) というものがあります. インパルス応答関数はあ
る変数にショックを与える (少し値を変動させる) と, その他の変数がどの
ように影響を受けるかを分析したものです. もともとは信号処理の方法で
すが, 心理学の分野でも母子間のインタラクションの分析[5-19]や, ネガティ
ブ感情からの回復にかかる時間の分析[5-20]などに用いられています.

　ここまで扱ってきた VAR(1) モデルを例に, 直交化インパルス応答関数
について以下の式で説明します. 仮に $y_{1,t}$ の式の誤差項 $\varepsilon_1$ に1単位 (ま

たは1標準偏差）のショックを与えたとき，$k$時点後に生じる$y_{2,t+k}$の変化のことを，$y_1$のショックに対する$y_2$の**非直交化インパルス応答**（non-orthogonalized impulse response）といいます．また，これを$k$の関数とみたとき，**非直交化インパルス応答関数**（non-orthogonalized impulse response function）といいます．

$$y_{1,t} = c_1 + \phi_{1,1}y_{1,t-1} + \phi_{1,2}y_{2,t-1} + \varepsilon_{1,t}$$
$$y_{2,t} = c_2 + \phi_{2,1}y_{1,t-1} + \phi_{2,2}y_{2,t-1} + \varepsilon_{2,t}$$

▌5-9.R つづき

```
# （非直交化）インパルス応答関数
impulse_func <- irf(var_model, n.ahead=5, orth=FALSE)
plot(impulse_func)
```

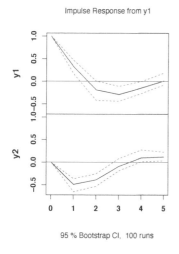

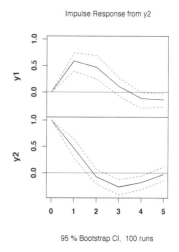

図5.26　非直交化インパルス応答関数．y1の誤差項にショックを与えた場合の影響（左）とy2の誤差項にショックを与えた場合の影響（右）

　非直交化インパルス応答関数は，ショックを与えた結果を繰り返し代入していくだけで計算できますが，誤差項$\varepsilon_1$と$\varepsilon_2$の相関関係を無視している

という問題があります. 誤差項同士が相関することは十分にありえます. 今回の例でいえば, 気分と活動量両方に影響するようなイベントがあったとすると, そのようなときには $\varepsilon_1$ と同時に $\varepsilon_2$ も動いてしまいます. そこで, $\varepsilon_1$ と $\varepsilon_2$ の相関関係を考慮して応答関数を求めたものが直交化インパルス応答です.

一般的にインパルス応答といった場合は, 直交化インパルス応答関数を指します. この方法は, 誤差項を互いに無相関な誤差項に分解して, それぞれにショックを与えたときの各変数の変化を調べる方法です.

$$y_{1,t} = c_1 + \phi_{1,1}y_{1,t-1} + \phi_{1,2}y_{2,t-1} + \varepsilon_{1,t}$$
$$y_{2,t} = c_2 + \phi_{2,1}y_{1,t-1} + \phi_{2,2}y_{2,t-1} + \varepsilon_{2,t}$$

の式の $\varepsilon_2$ を, 互いに無相関なショック成分 $u_1, u_2$ に分解してやります (これを直交化といいます).

$$\varepsilon_{1,t} = u_{1,t}$$
$$\varepsilon_{2,t} = \gamma_1 u_{1,t} + \gamma_2 u_{2,t}$$

そうすると, $y_1$ にショックが1与えられると, 同じときに $y_2$ にはその $\gamma_1$ 倍のショックが加わることになります. このショックの影響を求めたものが直交化インパルス応答関数です (図5.27). 直交化インパルス応答関数を使えば, インタラクション場面での個人間の影響関係やラグなどを検討することができます. 変数の並べ方によってどの変数を基準に誤差を直交化するかが変わるので, 結果も変わることに注意してください.

▎5-9.R つづき

```
# 直交化インパルス応答関数
ortho_impulse_func <- irf(var_model, n.ahead=5, orth=TRUE)
plot(ortho_impulse_func)
```

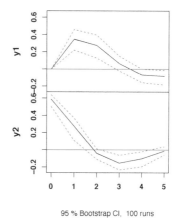

図5.27 直交化インパルス応答関数. y1の誤差項にショックを与えた場合の影響（左）とy2の誤差項にショックを与えた場合の影響（右）.

# 6 多変量時系列データの要約

## 6.1 次元削減

　今ではスマートウォッチを使えば，心拍，活動量，GPS 座標などのさまざまなデータを同時に取得することができます．また，モーションキャプチャデータを使えば，数多くの標識点の 3 次元座標が得られます．経験サンプリングでもさまざまな項目の測定を行うことがあるでしょう．このようにして取得されたデータは多変量の時系列データになります．

　多次元のデータを，その意味を保ったままそれより少ない次元のデータに落とし込むことを，**次元削減**（dimensionality reduction），または**次元圧縮**（dimensionality compression）といいます．次元削減は，多変量データの背後にある構造を見出すためであったり，データを見やすくするためであったり，不要なノイズを除去するためであったり，さまざまな目的で行われます．また，質問紙調査の分析などでは「人×変数」の行列から変数に共通する因子を見つけるために次元削減が行われます．

　一方，時系列分析で用いられる次元削減の目的は以下のものが多いのではないでしょうか．

1. 1人を対象に複数の変数を縦断的に測定し（時点×変数），変数を要約し，時間的なダイナミクスを少数の成分や因子で説明するもの．**動的因子モデル**（dynamic factor analysis; **DFA**）が用いられることがあります．
2. パネルデータのように，1つの変数について複数人のデータを縦断的に測定し（人×時点），時間的なパターンを要約し，少数の時間的パターンの組み合わせで個々人の変化を説明するもの．**関数主成分分析**（functional principal component analysis; **FPCA**）などの方法が用いられることもあります．

　次元削減を行う際にも，時系列データ特有の系列依存性（前後のデータ

との相関）が問題となる場合があります．そのような場合には，時系列デー
タ特有の系列依存性を分析モデルに組み込んだ動的因子分析モデルを用い
たり，そもそも系列依存性が問題とならないように**周波数領域**（frequency
domain）で統計を実行する関数主成分分析などの方法が適用されたりする
ことがあります．一方で，一般的な多変量解析手法がそのまま用いられる
こともしばしばあります．たとえば**経験的直交関数**（empirical orthogonal
function）と呼ばれる分析手法は，主成分分析を時系列データに適用した分
析です．

　時系列データの次元削減を行う際に注意すべきなのは，図6.1のように，
時系列データ同士に時間的なずれ（ラグ）や位相差があるケースです．こ
のような場合，ラグを明示的に分析に取り入れるか，なんらかの方法でタ
イミングをそろえる必要があるでしょう．

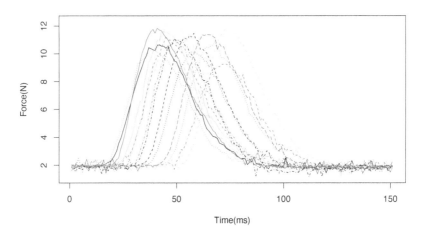

図6.1　時間的にずれがある場合の次元削減は困難．20人分のつまむ力の時系列データ（{fda}パッ
　　　ケージサンプルデータセットから）．

## 6.2　非負値行列因子分解

　表情データを**非負値行列因子分解**（nonnegative matrix factorization;
**NMF**）という方法で要約してみます[6-1]．NMFは動画から表情の因子を見
つけ出すために使われています[6-2]．

Facial Action Coding System（**FACS**）という，心理学者エクマンが提唱した表情記述方法があります．FACSでは，AU（Action Unit）という単位で顔面のさまざまな表情筋の動作の程度を評価することで表情を記述します．近年は画像処理技術の発達によって，コンピュータでAUの評価をできるようになりつつあります．実際に，2020年に安倍元首相が退任表明する際の会見映像を題材にして，安倍元首相が辞任する際の会見での30秒間の表情のAUをOpenFace（ver. 2.2.0）[6-3]というツールキットを使って評価した例を示します．分析したシーンは，安倍元首相が退任の表明を終えたあと，記者からの質問を黙って聞き，その質問に答える直前に笑顔を見せるという30秒間の動画です．17個のAUの強度をそれぞれ30fps（1秒間に30フレーム）で評価しています．

さまざまな表情筋の動作は独立に生じるわけではなく，ある程度表情筋の間で動きに相関があることが知られています．そこでここでは，この17次元の時系列データから2つの表情の因子をNMFで取り出してみます．AUの時系列データのファイルを共有していますので，まずはそのファイルを読み込んで，可視化してみましょう（図6.2）．

▎6-2.R

```r
library(dplyr)
library(ggplot2)
library(NMF)

# 読み込むGoogleスプレッドシートの URL を指定
URL <- "https://raw.githubusercontent.com/komorimasashi/time_serie ↩
s_book/90f315f0ad38f18167f6de4366e0667dda3106ed/data/abe_facial_mo ↩
v.csv"
# データの読み込み
dat <- read.csv(URL, header=T,fileEncoding = "shift-jis")
# データの準備
df <- data.frame("FRAME" = dat$frame,
                 "AU01" = dat$AU01_r, "AU02" = dat$AU02_r, "AU04" ↩
= dat$AU04_r,
                 "AU05" = dat$AU05_r, "AU06" = dat$AU06_r, "AU07" ↩
=dat$AU07_r,
```

```
                         "AU09" = dat$AU09_r,  "AU10" = dat$AU10_r, "AU12" ↵
= dat$AU12_r,
                         "AU14" = dat$AU14_r,  "AU15" = dat$AU15_r,  "AU17 ↵
" = dat$AU17_r,
                         "AU20" =  dat$AU20_r, "AU23" = dat$AU23_r,  "AU25 ↵
" = dat$AU25_r,
                         "AU26" =dat$AU26_r, "AU45" =dat$AU45_r)
# プロット
df2 <- df %>% tidyr::gather(key=AU, value = SCORE, colnames(df)[-1])
g <- ggplot(df2, aes(x = FRAME, y = SCORE, color = AU))+ geom_line()
plot(g)

# NMFの実行
library(NMF)
res <- nmf(df[-1], rank = 2, seed = 1234, .options = "t")
basismap(res, Rowv=NA)  # 'Rowv=NA'とすることで時系列順に表示されます
coefmap(res)
```

※ NMF依存パッケージインストールの不具合があります（2021年現在）．対処法はサポートページをご覧ください．

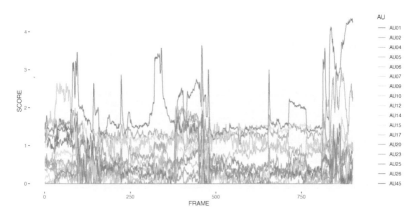

図6.2　OpenFaceによる安倍首相退任会見（30秒間）のAUの変化

AUの強度は0〜5の値（非負値）で記述されます（0は何も現れていない

状態という意味）．また，ここから表情の因子を取り出すとしても，各因子の得点は無表情のときに0で，表情が表出されているときに正の値になると考えるのが自然です．そこで，ここでは非負値の多変量データの次元削減にNMFを使ってみます．

NMFは，行列 $\mathbf{Y}$ を図6.3のように2つの行列の積に分解する方法です．ただ，ここに登場する行列の要素がすべて非負値になるように分解するところが，主成分分析と大きく異なるところです．ここで，$K$ が因子数になります．基底行列 $\mathbf{H}$ は因子得点，係数行列 $\mathbf{U}$ は因子負荷量に相当します．基底行列 $\mathbf{H}$ を見れば，表情が時間的にどのように変化したかを把握することができます．

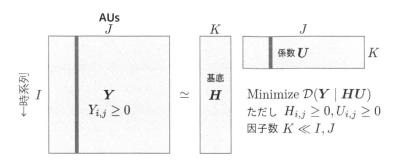

図6.3　非負値行列因子分解（NMF）

分析には {NMF} パッケージを使います．rankで因子数を指定してください．NMFでの因子数の決定方法にはさまざまなものがありますが，今回はラッセルの円環構造モデル（感情の2次元モデル）を念頭に，因子数は2に設定します（図6.4）．

basismap() で基底行列 $\mathbf{H}$ を可視化してみると，最初の26秒ぐらいはあまり変化がなく，最後の数秒間で大きく表情が変化していることがわかります．動画では最初の約26秒は首相を退任することについての記者からの質問を黙って聞いており，最後の数秒は質問が終わり回答し始める直前までのシーンなので，結果はそれを反映したものでしょう．

次にcoefmap() で係数行列の $\mathbf{U}$ を見てみると，第1因子はAU04（眉下げ），AU07（瞼の緊張）と強く関連していることがわかります．また，AU05（目

を見開く）とも関連しています．これらは，「怒り」の表情でよく見られる特徴です．「恐れ」や「驚き」と関連するAU2（眉の外側を上げる）とも関連していることがわかります．記者に回答する直前に強く現れる第2因子は，「嫌悪」と関連したAU9（鼻に皺寄せ），AU10（上唇上げ）を見せながら，一方で「喜び」に関連したAU12（口角を上げる）が現れているという，一見矛盾した特徴が見てとれます．

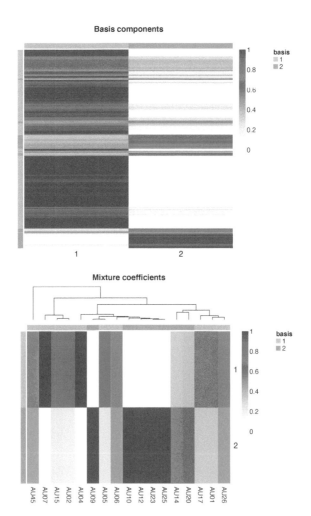

図6.4　NMFの基底行列と係数行列．基底行列（上）は時系列変化に対応し，各因子がどの程度強く現れていたかを示しています．また係数行列（下）はどのAUが各因子と関連していたかを示しています．

# 6.3 動的因子分析

　知能の研究で著名な心理学者キャッテルは，6種類の因子分析の技法O，P，Q，R，S，T技法を提唱しました．多数の人数で複数の変数を測定する際に用いられる，最も一般的な因子分析（人×変数）は**R技法**（R-technique）と呼ばれます．一方，個人を対象として，複数の変数を縦断的に測定する方法（時点×変数）を**P技法**（P-technique）と名付け，因子分析を適用することで時間経過に伴う変動を因子として抽出できるとしました．P技法因子分析は，時系列データ特有の系列依存性の問題から，因子負荷量を低く見積もってしまうなどの問題が指摘され，さまざまな改良が加えられてきました．データの系列依存性を許容するようにP技法因子分析を拡張した一連の手法は**動的因子分析**（dynamic factor analysis; **DFA**）と呼ばれています．

　DFAには，大きく分けると2種類のタイプがあります[6-4, 6-5]．1つ目のタイプは時系列因子分析とも呼ばれ，研究手法としてよく応用されているものです[6-6]．現在の因子を過去の因子で説明すること以外は，一般的な因子分析のモデルに似ています．

$$\mathbf{y}_t = \boldsymbol{\mu} + \boldsymbol{\Lambda}\mathbf{f}_t + \boldsymbol{\varepsilon}_t$$

　ここで$\mathbf{y}_t$は，多変量の観測値をまとめたベクトルです．$\boldsymbol{\mu}$は観測値の平均ベクトル，$\boldsymbol{\Lambda}$は$k$を観測変数の種類，$m$を因子数としたときの$k \times m$の因子パターン行列です．また$\mathbf{f}_t$は，時刻$t$における因子得点ベクトル$\mathbf{f}_t$です．ただし，因子$\mathbf{f}_t$はARMA$(p, q)$過程などの時系列モデルに従うと考えます．つまり，時刻$t$の因子得点が$t-1$や$t-2$の因子得点に影響されると考えるわけです．

　動的因子モデルの2つ目のタイプは，時刻$t$に加えて，それ以前の時点$t-1, t-2, \dots$の因子得点も併せて観測値を説明するもので，因子の影響にラグがあると考えるものです．

$$\mathbf{y}_t = \boldsymbol{\mu} + \sum_{s=0}^{S} \boldsymbol{\Lambda}_s \mathbf{f}_{t-s} + \boldsymbol{\varepsilon}_t$$

ここでは前者のモデルを取り上げ，{MARSS}パッケージによる分析の例を紹介します．このモデルでは，$k$個の観測変数があり，その背後には$m$本の隠れた因子得点のランダムウォークがあると考えます．これらのランダムウォークの組み合わせによって，観測された時系列の時間的変動を説明するものです．1つ目の式を観測モデル，2つ目の式をシステムモデルと考えると，状態空間モデルと見ることもできます．

$$\mathbf{y}_t = \boldsymbol{\mu} + \boldsymbol{\Lambda}\mathbf{f}_t + \varepsilon_t \text{ ただし } \varepsilon_t \sim \mathrm{MVN}\left(\mathbf{0}, \mathbf{R}\right)$$

$$\mathbf{f}_t = \mathbf{f}_{t-1} + \mathbf{w}_t \text{ ただし } \mathbf{w}_t \sim \mathrm{MVN}\left(\mathbf{0}, \mathbf{Q}\right)$$

$$\mathbf{R} = \begin{bmatrix} r_1 & 0 & 0 & 0 & 0 \\ 0 & r_2 & 0 & 0 & 0 \\ 0 & 0 & r_3 & 0 & 0 \\ 0 & 0 & 0 & r_4 & 0 \\ 0 & 0 & 0 & 0 & r_5 \end{bmatrix}$$

$$\mathbf{Q} = \begin{bmatrix} 1 & 0 & 0 \\ 0 & 1 & 0 \\ 0 & 0 & 1 \end{bmatrix}$$

ここで$\sim \mathrm{MVN}(\mathbf{0}, \mathbf{X})$は，平均が$\mathbf{0}$，分散共分散が行列$\mathbf{X}$の**多次元正規分布**（multivariate normal distribution）に従うベクトルであるということです．$\mathbf{R}$や$\mathbf{Q}$の構造は仮説に応じて自在に設定することができます．

この分析では，観測値にそれぞれ独立なホワイトノイズが乗っていると考え，$\mathbf{R}$を上記のように設定しています．また，因子得点$\mathbf{f}_t$の要素はそれぞれ独立にランダムウォークする（つまり，$\mathbf{Q}$は単位行列$\mathbf{I}_m$）とするモデルにしました．これに基づいて，3.5節で紹介したLake Washingtonデータセットのプランクトン（5種類）の量の時系列データから3因子を抽出する例を紹介します．

▌6-3.R

```
library(MARSS)
data(lakeWAplankton)
```

```
plankdat <- lakeWAplanktonTrans

# 1980年から1990年までのプランクトンが点のデータを抜き出す
dat <- plankdat[1980<=plankdat[,"Year"] & plankdat[,"Year"]<=1990,
                c("Cryptomonas", "Diatoms","Cyclops","Unicells", " ↩
Epischura")]
# 時刻が列に対応するように転置する
dat <- t(dat)

# 因子の本数 (m) および R のモデルを設定する
model.list = list(m=3, R="diagonal and unequal", Q="identity")
fit <- MARSS(dat, model=model.list, z.score=TRUE,
             form="dfa", control=list(maxit=3000))

# 結果の概要 (Z は因子負荷量, R は観測点差の推定値が示される)
# 因子得点は fit$states に入っている
summary(fit)

# 推定された状態 f のグラフ
plot(fit, plot.type = "xtT")
# 観測値と観測値の予測平均値との のグラフ
plot(fit, plot.type = "fitted.ytT")
```

　summary(fit) で結果を見てみます．Z.** には因子負荷行列 $\Lambda$ が示され
ています．また，R.(**) には誤差項 $\varepsilon_t$ の分散共分散行列 $R$ の対角成分が
示されています．図 6.5 は各因子の時点ごとの因子得点 $f_t$ を，図 6.6 は予
測平均値を示しています．図 6.5 からは各因子が何に関連しているかを考
察することができます．第 1 因子得点には約 12 ヵ月の周期があるため，第
1 因子は季節と関係していることが示唆されます．また，第 3 因子得点は非
常にゆるやかに変化していることから，湖の長期的な環境の変化を反映し
ているのかもしれません．図 6.6 からは，第 1 因子（季節）の影響の強さは
プランクトンによって異なることなどもわかります．

```
MARSS fit is
Estimation method: kem
Convergence test: conv.test.slope.tol = 0.5, abstol = 0.001
Estimation converged in 517 iterations.
Log-likelihood: -806.8518
AIC: 1647.704   AICc: 1648.657


                                   Estimate
Z.11                                 0.4623
Z.21                                 0.6018
Z.31                                 0.5148
Z.41                                 0.3145
Z.51                                 0.2210
Z.22                                 0.3939
Z.32                                -0.2466
Z.42                                -0.0866
Z.52                                -0.6278
Z.33                                 0.0786
Z.43                                -0.1536
Z.53                                 0.1878
R.(Cryptomonas,Cryptomonas)          0.6064
R.(Diatoms,Diatoms)                  0.2555
R.(Cyclops,Cyclops)                  0.3890
R.(Unicells,Unicells)                0.3862
R.(Epischura,Epischura)              0.1823
Initial states (x0) defined at t=0
Standard errors have not been calculated.
Use MARSSparamCIs to compute Cis and bias estimates.
```

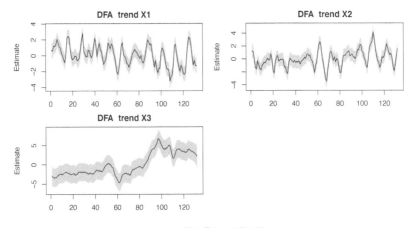

図6.5 因子得点 $\mathbf{f}_t$ の推定値

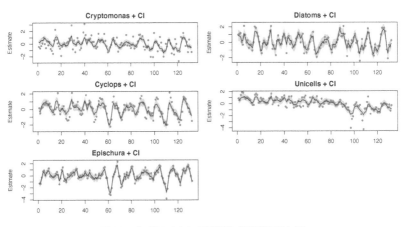

図6.6 各プランクトンの観測値，予測平均値とCI

## 6.4 関数主成分分析

　これまで紹介してきた時系列データ分析とは別のアプローチとして，ラムゼイとシルバーマンによって提唱された**関数データ解析**（functional data analysis）というものを紹介します[6-7, 6-8, 6-9]．これは，時系列データ $\{x(t_i) : i = 1, \ldots, N\}$ を，時刻を変数とする関数 $f(t)$ として表現したうえで，その係数に対してさまざまな統計解析を行う方法です．

関数データ解析では，まず時系列データを基底関数と呼ばれる関数の和で表現します．たとえば，基底関数に三角関数を選んだ場合，時系列データは重み付けされたいくつかの三角関数を足したものとして表現されます（このように，三角関数の和に展開する方法をフーリエ級数展開と呼びます）．

ここでは，{fda}パッケージを使って39人の歩行中の膝関節角度の変化のデータ（20時点）を三角関数とB-スプライン関数に展開した例を示します（図6.7）．それぞれ8つの関数の組み合わせで元のデータを近似しています（nbasisで指定しています）．基底関数が異なると平均関数も異なります．歩行動作は周期的な動きなので，周期関数である三角関数を当てはめたほうがより自然であることがわかります．

▎6-4.R

```
library(fda)
# 膝関節データの読み込み
data(gait)
# 元データのプロット（20時点，39人）
matplot(gait[,,2], type="l", xlab="time", ylab="angle")


# 基底関数の作成（フーリエ級数）
# 8つの基底関数を作成
basis.f <- create.fourier.basis(c(0, 1), nbasis=8)
gait.ft <- smooth.basis(dimnames(gait)[[1]], gait[,,2], basis.f)  ↩
# 基底関数の当てはめ
plot(gait.ft,xlab="time",ylab="angle")  # 描画
lines(mean.fd(gait.ft$fd),lwd=3,col=1)  # 平均関数


# 基底関数の作成（B-スプライン関数，8つの基底関数）
# 8つの基底関数を作成（norder=4は3次のスプラインであることを指す）
basis.b <- create.bspline.basis(c(0,1),nbasis=8, norder=4)
gait.bs <- smooth.basis(dimnames(gait)[[1]], gait[,,2], basis.b)  ↩
# 基底関数の当てはめ
plot(gait.bs,xlab="time",ylab="angle")  # 描画
lines(mean.fd(gait.bs$fd),lwd=3,col=1)  # 平均関数
```

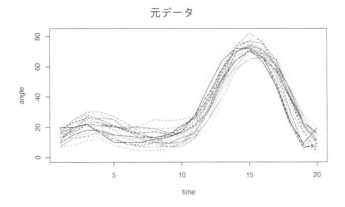

元データ

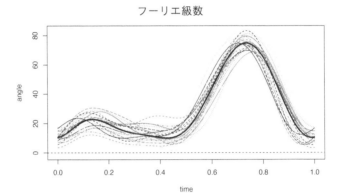

フーリエ級数

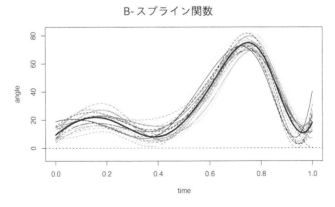

B-スプライン関数

図6.7 膝関節角度の変化．元データ（20時点：上）と，フーリエ級数による関数化（中），B-スプライン関数（3次スプライン：下）による関数化．太線は平均関数．

時系列データを基底関数に展開できたら，その係数に対してクラスタ分析や重回帰分析などの多変量解析を実行するのが関数データ解析の基本的な流れです．時系列データの次元削減を行う関数主成分分析（FPCA）という方法も提案されています．先ほどのフーリエ級数で関数化した膝関節時系列データに関数主成分分析を行ってみます．第3主成分までで累積寄与率が80%を超えている（図6.8（左））ので，第3主成分までを検討対象とすることにします．

▌6-4.R つづき

```
# 関数主成分分析の実行
# まず基底関数と同じ数の主成分を求める
gait.pca <- pca.fd(gait.ft$fd, nharm = 8)
plot(cumsum(gait.pca$varprop),
     type="o",xlab='component',ylab='contribution') # 累積寄与率
plot(gait.pca$harmonics[1:3])  # 固有関数
# 角度パターンの各種成分軸に沿った変化
plot.pca.fd(gait.pca, cex.main=1)

# 主成分得点
plot(gait.pca$scores[,c(1,2)], xlab="FPC Score 1",ylab="FPC Score ↵
2")  # PC1-PC2
text(gait.pca$scores[,c(1,2)],labels=dimnames(gait)[[2]],cex=1)

plot(gait.pca$scores[,c(1,3)], xlab="FPC Score 1",ylab="FPC Score ↵
3")  # PC1-PC3
text(gait.pca$scores[,c(1,3)],labels=dimnames(gait)[[2]],cex=1)
```

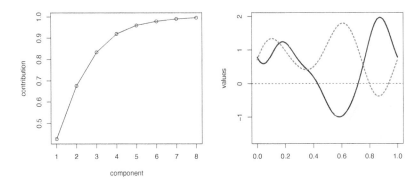

　各主成分の固有ベクトルを関数化した固有関数（図 6.8（右））を見てみると，第 1 主成分（黒色）は 0.2 と 0.9 近辺の角度の大きさと関係しているようです．第 2 主成分（赤色）は膝を大きく曲げたとき（0.6 近辺）の角度の大きさと関連していることがわかります．第 1 ～ 3 主成分得点が $\pm 1SD$ のときにどのように関節の角度が変化するかを示したものが図 6.9 です．また，主成分得点をプロットすると各参加者の歩行の特徴を見ることができます（図 6.10）．

　今回は膝関節の角度だけを検討しましたが，gait データには尻の角度のデータも含まれています．これらの変化も関数化したうえで，一括して関数主成分分析を行うこともできます．そうすれば，包括的に歩行動作を理解することができるでしょう．

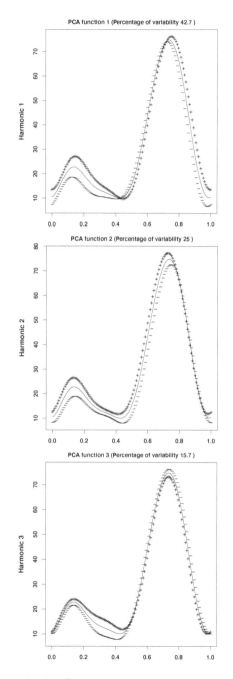

図6.9　角度変化パターンの各種成分軸に沿った違い（±1$SD$）

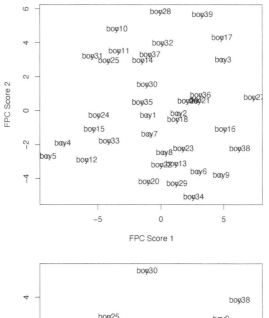

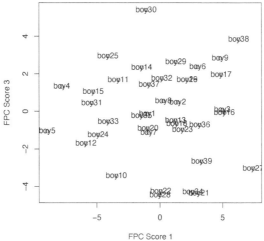

図6.10 各参加者の関数主成分得点

# 参考文献

**[1-1]** Box, G. E. P., & Jenkins, G. M. (1970). *Time series analysis: Forecasting and control*. San Francisco: Holden-Day.

**[1-2]** Schafer, T. A. W. J. L. (2006). *Models for intensive longitudinal data*. Oxford University Press.

**[1-3]** Csikszentmihalyi, M. (2011). *Handbook of research methods for studying daily life*. Guilford Press.

**[1-4]** Killingsworth, M. A., & Gilbert, D. T. (2010). A wandering mind is an unhappy mind. *Science, 330*(6006), 932-932.

**[1-5]** Wu, L., Waber, B. N., Aral, S., Brynjolfsson, E., & Pentland, A. (2008). *Mining face-to-face interaction networks using sociometric badges: Predicting productivity in an it configuration task*. Available at SSRN 1130251.

**[1-6]** Golder, S. A., & Macy, M. W. (2011). Diurnal and seasonal mood vary with work, sleep, and daylength across diverse cultures. *Science, 333*(6051), 1878-1881.

**[1-7]** 三浦麻子・小森政嗣・松村真宏・前田和甫. (2015). 東日本大震災時のネガティブ感情反応表出—— 大規模データによる検討——. *心理学研究*, 86(2), 102-111.

**[3-1]** Fairbairn, C. E., & Sayette, M. A. (2013). The effect of alcohol on emotional inertia: A test of alcohol myopia. *Journal of Abnormal Psychology, 122*(3), 770–781.

**[3-2]** Fuller, J. A., Stanton, J. M., Fisher, G. G., Spitzmüller, C., Russell, S. S., & Smith, P. C. (2003). A Lengthy Look at the Daily Grind: Time Series Analysis of Events, Mood, Stress, and Satisfaction. *Journal of Applied Psychology, 88*(6), 1019–1033.

**[3-3]** Bernal, J. L., Cummins, S., & Gasparrini, A. (2017). Interrupted time series regression for the evaluation of public health interventions: a tutorial. *International journal of epidemiology, 46*(1), 348-355.

**[4-1]** https://mc-stan.org/

**[4-2]** 松浦健太郎 (2016) . *Stan と R でベイズ統計モデリング*. 共立出版.

**[4-3]** 馬場真哉 (2019). *R と Stan ではじめるベイズ統計モデリングによる データ分析入門*. 講談社.

**[4-4]** Stan 公式 Documentation　https://mc-stan.org/users/ documentation/

**[4-5]** Modeling Language User's Guide and Reference Manual (日本語) https://github.com/stan-ja/stan-ja

**[4-6]** RStan Getting Started (日本語) https://github.com/stan-dev/rstan/wiki/RStan-Getting-Started- (Japanese)

**[4-7]** 有本勲, 岡村寛, 小池伸介, 山﨑晃司, 梶光一 (2014). 集落周辺に生 息するツキノワグマの行動と利用環境. *哺乳類科学*, *54*(1), 19-31.

**[4-8]** Gelman, A., Carlin, J.B., Stern, H.S., Dunson, D.B., Vehtari, A., & Rubin, D.B. (2013). *Bayesian Data Analysis (3rd ed.)*. Chapman and Hall/CRC.

**[4-9]** Auger-Méthé, M., Newman, K., Cole, D., Empacher, F., Gryba, R., King, A. A., Leos-Barajas, V., Mills Flemming, J., Nielsen, A., Petris, G., and Thomas, L.. (2021). A guide to state–space modeling of ecological time series. *Ecological Monographs*, *91*(4), e01470.

**[5-1]** Ramseyer, F. T. (2020). Motion energy analysis (MEA): A primer on the assessment of motion from video. *Journal of Counseling Psychology*, *67*(4), 536–549.

**[5-2]** Ramseyer, F., & Tschacher, W. (2011). Nonverbal synchrony in psychotherapy: Coordinated body-movement reflects relationship quality and outcome. *Journal of Consulting and Clinical Psychology*, *79*(3), 284-295. doi:10.1037/a0023419

**[5-3]** Sakoe, H., & Chiba, S. (1978). Dynamic programming algorithm optimization for spoken word recognition. *IEEE transactions on acoustics, speech, and signal processing*, *26*(1), 43-49.

**[5-4]** Müller, M. (2007). *Dynamic time warping. In Information Retrieval for Music and Motion (pp. 69-84)*.　Berlin, Heidelberg, Springer.

**[5-5]** Richardson, M. J., Marsh, K. L., & Schmidt, R. C. (2005). Effects of visual and verbal interaction on unintentional interpersonal coordination. Journal of Experimental Psychology: *Human Perception and Performance, 31*(1), 62.

**[5-6]** Schmidt, R. C., Morr, S., Fitzpatrick, P., & Richardson, M. J. (2012). Measuring the dynamics of interactional synchrony. *Journal of Nonverbal Behavior, 36*(4), 263-279.

**[5-7]** 野村亮太・丸野俊一. (2007). ユーモア生成過程にみられる演者と観客による関係システムの解明. *認知科学, 14*(4), 494-508.

**[5-8]** Fujiwara, K., & Daibo, I. (2018). Affect as an antecedent of synchrony: A spectrum analysis with wavelet transform. *Quarterly Journal of Experimental Psychology, 71*(12), 2520-2530.

**[5-9]** Schmidbauer, H., Rösch, A., & Stieler, F. (2018). The 2016 US presidential election and media on Instagram: Who was in the lead?. *Computers in Human Behavior, 81*, 148-160.

**[5-10]** 清水大地, 児玉謙太郎, 関根和生. (2021). フリースタイルラップバトルにおけるマルチチャンネル・インタラクション―同期理論を利用したケーススタディー. *電子情報通信学会論文誌 A, 104*(2), 75-83.

**[5-11]** Kijima, A., Kadota, K., Yokoyama, K., Okumura, M., Suzuki, H., Schmidt, R. C., & Yamamoto, Y. (2012). Switching dynamics in an interpersonal competition brings about "deadlock" synchronization of players. *Plos One, 7*(11), e47911.

**[5-12]** Hattori, Y., Tomonaga, M., & Matsuzawa, T. (2015). Distractor effect of auditory rhythms on self-paced tapping in chimpanzees and humans. *PloS one, 10*(7), e0130682.

**[5-13]** 合原 一幸(2000). *カオス時系列解析の基礎と応用*. 東京, 産業図書.

**[5-14]** Wallot, S., & Leonardi, G. (2018). Analyzing multivariate dynamics using cross-recurrence quantification analysis (crqa), diagonal-cross-recurrence profiles (dcrp), and multidimensional recurrence quantification analysis (mdrqa)—a tutorial in r. *Frontiers in psychology, 9*, 2232.

**[5-15]** Riley, M. A., Balasubramaniam, R., & Turvey, M. T. (1999). Recurrence quantification analysis of postural fluctuations. *Gait & posture, 9*(1), 65 78.

**[5-16]** Shockley, K., Santana, M.-V., & Fowler, C. A. (2003). Mutual interpersonal postural constraints are involved in cooperative conversation. Journal of Experimental Psychology: *Human Perception and Performance, 29*(2), 326–332.

**[5-17]** Tschacher, W., Zorn, P., & Ramseyer, F. (2012). Change mechanisms of schema-centered group psychotherapy with personality disorder patients. *PloS one, 7*(6), e39687.

**[5-18]** Takahashi, D. Y., Fenley, A. R., & Ghazanfar, A. A. (2016). Early development of turn-taking with parents shapes vocal acoustics in infant marmoset monkeys. Philosophical Transactions of the Royal Society B: *Biological Sciences, 371*(1693), 20150370.

**[5-19]** Eason, E. G., Carver, N. S., Kelty-Stephen, D. G., & Fausto-Sterling, A. (2020). Using vector autoregression modeling to reveal bidirectional relationships in gender/sex-related interactions in mother–infant dyads. *Frontiers in psychology, 11*, 1507.

**[5-20]** Yang, X., Ram, N., Gest, S. D., Lydon-Staley, D. M., Conroy, D. E., Pincus, A. L., & Molenaar, P. C. (2018). Socioemotional dynamics of emotion regulation and depressive symptoms: A person-specific network approach. *Innovation in Aging, 2*(suppl_1), 15-16.

**[6-1]** 亀岡弘和. (2012). 非負値行列因子分解. *計測と制御, 51*(9), 835-844.

**[6-2]** Delis, I., Chen, C., Jack, R. E., Garrod, O. G., Panzeri, S., & Schyns, P. G. (2016). Space-by-time manifold representation of dynamic facial expressions for emotion categorization. *Journal of Vision, 16*(8), 14-14.

**[6-3]** OpenFace 2.2.0: a facial behavior analysis toolkit, https://github.com/TadasBaltrusaitis/OpenFace

**[6-4]** 豊田秀樹 (2000). *共分散構造分析 ― 構造方程式モデリング ― [応用編]* 朝倉書店.

**[6-5]** 川崎能典. (2001). 多変量時系列に対する主成分・因子分析. *統計数理*, *49*(1), 109-131.

**[6-6]** Ram, N., Brose, A., & Molenaar, P. C. (2013). Dynamic factor analysis: Modeling person-specific process. In T.D. Little (Ed.), *The Oxford handbook of quantitative methods, 2*, 441-457.

**[6-7]** Ramsay, J. O. and Silverman, B. W. (2005). *Functional Data Analysis. 2nd Edition*, New York, NY: Springer.

**[6-8]** Ramsay, J. O., Hooker, G., & Graves, S. (2009). *Introduction to functional data analysis. In Functional data analysis with R and MATLAB*. Springer, New York, NY: Springer.

**[6-9]** 松井秀俊. (2019). 関数データに基づく統計的モデリング. *統計数理*, *67*(1), 73-96.

# あとがき

　この原稿を書いている時点で，新型コロナウイルス感染症はまだまだ終息する気配がありません．日々の感染者数の増減の様子は，この感染症の恐ろしさを知らせるだけでなく，私たちがどのようにこの感染症と戦えばいいのかについて多くのヒントも与えてくれます（実際，メディアで見かける感染者数の予測には状態空間モデルなどの時系列分析が使われています）．私たちを取り巻く世界の時間的な変化を読み解くことは，現象のよりよい理解につながるのではないでしょうか．

　第1章でも述べましたが，本書は心理学の研究で用いられる手法の紹介を念頭に，記述と説明に重点を置いたものになっています．そのため，将来の予測に関する説明は十分ではありません．興味のある方は，沖本竜義『経済・ファイナンスデータの計量時系列分析』（朝倉書店）などの良書をお読みください．また，生態学の分野では，経験的動的モデリング（empirical dynamic modeling; EDM）や力学系アプローチ，カオス時系列解析などと呼ばれる非線形時系列解析が盛んに用いられており，この領域にもおもしろい分析手法が数多くあります．さらに近年では，RNN（recurrent neural network）やLSTM（long short-term memory）などの深層学習の手法が時系列データの分析に用いられるようになってきました．今後も時系列分析の分野は発展していくことでしょう．

　本書の執筆にあたり，草稿段階から大阪電気通信大学名誉教授の辻谷将明先生，同大学情報工学科の先生方，学生の皆さんから多くのご助言をいただきました．また，講談社サイエンティフィクの秋元将吾さんにも大変お世話になりました．この場を借りて感謝申し上げます．

2022年6月

小森政嗣

**著者紹介**

小森政嗣

大阪電気通信大学情報通信工学部情報工学科教授．博士（人間科学）．2001 年に大阪大学大学院博士後期課程修了．2002 年から広島国際大学人間環境学部で助手を務めたのち，講師として大阪電気通信大学へ．2012 年 4 月から現職．所属学会は電子情報通信学会，情報処理学会，認知科学会，日本心理学会など．

NDC140　　　252p　　　21cm

RとStanではじめる　心理学のための時系列分析入門

2022 年 6 月 21 日　第 1 刷発行
2023 年 5 月 25 日　第 2 刷発行

著　者　小森政嗣
発行者　髙橋明男

**KODANSHA**

発行所　株式会社　講談社
　　　　〒112-8001　東京都文京区音羽 2-12-21
　　　　　販　売　(03) 5395-4415
　　　　　業　務　(03) 5395-3615
編　集　株式会社　講談社サイエンティフィク
代表　堀越俊一
　　　　〒162-0825　東京都新宿区神楽坂 2-14　ノービィビル
　　　　　編　集　(03) 3235-3701
本文データ制作　株式会社　トップスタジオ
印刷・製本　株式会社　ＫＰＳプロダクツ

**ISBN 978-4-06-528075-1**

## 講談社の自然科学書

※表示価格には消費税（10%）が加算されています。　　「2022年6月現在」

**講談社サイエンティフィク**　https://www.kspub.co.jp/